N&K

Lore Segal

Ladies' Lunch

Erzählungen

Aus dem amerikanischen Englisch von
Karin Hanta

NAGEL UND KIMCHE

Die Originalausgabe erschien 2023 unter dem Titel
Ladies' Lunch bei Sort Of Books, London.

1. Auflage 2023
© 2023 Lore Segal
Siehe S. 141–142 für Originalveröffentlichungen
Deutsche Erstausgabe
© 2023 für die deutschsprachige Ausgabe
NAGEL UND KIMCHE in der
Verlagsgruppe HarperCollins Deutschland GmbH, Hamburg
Gesetzt aus der Centennial
von GGP Media GmbH, Pößneck
Druck und Bindung von Pustet, Regensburg
Printed in Germany
ISBN 978-3-312-01295-4
www.nagel-kimche.ch

Dieses Buch ist den »Ladies« gewidmet,
die in Wirklichkeit und in meiner Fantasie
existieren – Dee, Inea, Leina, Sheila und Susan

Lore Segal, New York, im Januar 2023

Ladies' Lunch

I

Ruth, Frank und Dario

Im Februar fand der Ladies' Lunch in der Wohnung von Ruth am Riverside Drive statt. »Ladies' Lunch« wird mit Anführungszeichen ausgesprochen. Über mehr als dreißig Jahre sind die fünf Frauen miteinander alt geworden. Ungefähr jeden Monat haben sie sich bei einer von ihnen zum Mittagessen getroffen. Ruth, Bridget, Farah, Lotte und Bessie sind langjährige New Yorkerinnen. Sie stammen zwar ursprünglich aus Kalifornien, dem irischen County Mayo, Teheran, Wien und der Bronx, aber diese Wurzeln kommen kaum mehr zum Vorschein.

»Ihr wisst ja«, sagte Ruth, »dass wir die Menschen sind, die einander ihre Geschichten erzählen. Nun, heute habe ich eine Geschichte für euch.«

»Wunderbar!«, sagte Lotte.

»Sehr gut«, sagten Farah und Bessie.

»Eigentlich mehrere Geschichten«, meinte Ruth. »Und am Ende gibt es ein Rätsel.«

»Fabelhaft«, sagte Bridget.

Ruth begann zu erzählen: »Bei Sylvia fand eine Party statt, die eigentlich eine Schiv'a für ihre Cousine war. Sylvia kam zu mir und fragte mich, ob sie mir einen Sessel holen sollte. »Danke, das ist sehr nett von dir«, sagte ich. »Ich finde schon einen, wenn ich mich hinsetzen will.«

»Kann ich dir ein Getränk bringen?«, fragte sie.

»Sylvia!«, sagte ich. »Ich komme schon allein zurecht, wirklich! Den Stock habe ich nur, um das Gleichgewicht zu halten.«

»Soll ich einfach aufhören, um dich herumzuschwirren, und das Weite suchen?«

»Du musst nicht das Weite suchen.« Wir lachten beide, und Sylvia fragte mich, ob es in Ordnung sei, dass sie Frank meine Nummer gegeben hatte. Er könne es kaum erwarten, mit mir zu sprechen.

»Frank? Von welchem Frank sprechen wir?«

»Ruth, du kennst doch Frank Bruno.«

»Ach ja, Frank Bruno. Nur heißt er bei mir immer Bruno Frank.«

»Frank arbeitet in einer Galerie in Chelsea und wollte mehr über deinen alten Freund und Klienten Dario d'Alessi herausfinden. Deshalb wollte er mit dir reden.«

»Wieso kommt er nicht einfach her und redet mit mir?«

»Er sagt, er habe Angst vor dir«, meinte Sylvia.

Ich war genervt. »Das ist ein vollkommener Unsinn. Was soll das überhaupt heißen? Wo ist er?«

»Da drüben«, sagte Sylvia. »Er geht gerade.«

Ruth ärgerte sich darüber, dass sie auf Franks Anruf wartete, erzählte sie ihren Freundinnen beim nächsten Ladies' Lunch. Die Aussicht darauf, jemandem ihre alten Geschichten über Dario erzählen zu können, hatte ein Fenster in einen wichtigen Abschnitt ihrer Lebensgeschichte geöffnet. Sie rief Sylvia an und bat sie um Brunos Nummer.

»Bruno?«, fragte Sylvia. »Von welchem Bruno sprechen wir?«

»Frank, natürlich, Frank Bruno. Der, der mit mir sprechen will.«

Ruth rief ihn an, hängte aber gleich wieder auf, weil sie sich in jenem Moment nicht daran erinnern konnte, ob sie Bruno oder Frank anrief. Frank. Sie wählte noch mal. »Frank, hier spricht Ruth. Ihre Nachforschungen über Dario d'Alessi haben mir all diese Geschichten wieder ins Gedächtnis gerufen.«

Frank sagte: »Großartig! Genau das hatte ich gehofft! Ich habe Sie gegoogelt. Sie waren Dario d'Alessis Rechtsanwältin.«

»Ja, das war ich«, erzählte ich ihm. »Ich habe mich um den Papierkram für seine Angestellten gekümmert, die ihm dabei geholfen haben, eine seiner Skulpturen zu fabrizieren. Fabrizieren – diesen Ausdruck verwendete er tatsächlich. Ich bin mit ihm in ein Dorf außerhalb von New York gefahren, und wir kamen zu einer Art Hangar, wo Männer an einer 6 Meter hohen schwarzen Locke arbeiteten. Ich war so glücklich damals. Ich liebte es, den Handwerkern zuzuhören.«

»Mein Gott!«, meinte Frank. »Wie haben Sie ihn kennengelernt?«

»Ich war eins von den Groupies, die um ihn herumschwirrten, wenn er nach New York kam«, erzählte Ruth. »Ein paar Jahre später habe ich ihn in seinem Haus in den italienischen Alpen besucht. Es ähnelte einem Höhlenhaus von Mesa Verde, wenn Sie sich ein Bauhausgebäude vorstellen können, das in eine italienische Felswand gemeißelt wurde. Kannten Sie ihn?«

»Ich? Nein!«, sagte Frank. »Ich habe ihn einmal aus einem Restaurant auf der East 17th Street kommen sehen und bin ihm einige Straßen weiter gefolgt. Er ging in einen Supermarkt, und ich beobachtete ihn durch das Fenster. Und er kam wieder heraus, ging in eine Weinhandlung und kaufte eine Flasche. Dann nahm er einen Bus Richtung Westen.«

»Der Gedanke, dass Dario das alles tat, während er auf dem Weg zu mir war, verursacht mir noch nachträglich eine Gänsehaut«, meinte Ruth zu ihren Freundinnen. »Als würde man eine Szene mitverfolgen, die sich vor dreißig Jahren abgespielt hat. Aber dann sagte Frank, er sei damals zwanzig gewesen und zu schüchtern, um Dario zu sagen, dass ihn dessen Ausstellung begeistert hatte. Also muss es sich um eine frühe Werkschau gehandelt haben, die Jahre vor seiner Einzelausstellung im Guggenheim stattgefunden hatte, und noch bevor ich seine

Bekanntschaft gemacht hatte. Ich sagte Frank, dass Dario vielleicht dankbar gewesen wäre. Er erzählte mir oft von der Einsamkeit nach seinen ersten Erfolgen und Besuchen in New York, bevor er Leute gekannt hatte.«

Frank erzählte mir, dass seine Galerie gerade einen d'Alessi angekauft hatte.

»Welchen?«

»Eine Skulptur, die ›Hatch‹ heißt.«

»Wie schön! Ich erinnere mich an sie. Ich erinnere mich auch daran, wie eine ganze Gruppe von uns mit einer Flasche Malbec zusammensaß und versuchte, den neuen d'Alessi zu benennen, damit er nicht wieder ›Ohne Titel‹ hieß. Es musste ein Wort sein, das ›bedeutungsleer‹ war, wie es Clement Greenbergs ausdrückte. Zu jener Zeit hatten wir einen Lieblingscartoon: eine Museumsbesucherin, die sich vor einer Skulptur eines russischen Konstruktivisten eine zarte Träne aus dem Auge streicht. Man muss erst einmal versuchen, ein Wort zu finden, das auf keinen Gegenstand, kein Gefühl und keinen Wert hindeutet, um zu wissen, wie schwer das ist. ... Ich wachte damals mitten in der Nacht triumphierend mit dem Wort ›Auftritt‹ im Kopf auf. Gegen ›Auftritt‹ wurde gestimmt, weil es als Gegensatz zu ›Abtritt‹ gedeutet werden kann. Es gibt so viel zu erzählen«, sagte ich.

Frank bezeichnete mich als eine wahre Quelle an Informationen und fragte mich, ob er mich zum Mittagessen ausführen könne, aber an dem vereinbarten

Tag musste er verschieben. Ein heilloses Durcheinander in der Galerie. Ich habe ihn stattdessen zu mir auf ein Glas Wein eingeladen.«

Im März trafen sich die Ladies bei Bessie in Old Rockingham zum Lunch. Frank Bruno war nicht zu Ruth auf ein Glas Wein gekommen. Jemand aus der Galerie hatte sie angerufen. Frank wäre auf Dienstreise und würde gleich nach seiner Rückkehr zurückrufen.

»Erzähl uns doch die d'Alessi-Geschichten, die du Frank Bruno erzählen wolltest«, meinten die Freundinnen.

»Es gibt etwas, das ich nicht verstanden habe, als ich Dario einmal besuchte. Ich machte ihn auf einen Mann aufmerksam, einen Bauern, der mit einer kleinen Ziege im Schoß auf den Pflastersteinen des Dorfplatzes saß. Der Mann hielt den Huf des Tieres so, wie man die Hand eines Kindes oder eines jungen Mädchens hält. ›Er bringt diese Ziege zum Schlachten‹, meinte Dario, und ich erinnerte mich später immer daran, so wie man sich an etwas erinnert, das keinen Sinn ergibt.«

»Dario wanderte einmal mit mir in den Bergen«, erzählte Ruth. »Er schritt wie ein Bergsteiger voran und setzte bei gleichbleibender Geschwindigkeit einen Fuß vor den anderen. Ich war ganz erstaunt, als ich ihn überholte. Dann musste ich mich hinsetzen und wieder zu Atem kommen. Er zog indessen schnurgerade an mir vorbei.

Und dann war da die furchterregende Fahrt die Bergstraße hinauf, weil er mir die ältesten Häuser auf dem höchsten Bergzug zeigen wollte. Ihr müsst wissen, dass Dario der schlechteste Autofahrer auf der ganzen Welt war. Auf dem Weg zurück ging uns das Benzin aus. Die statistische Wahrscheinlichkeit ist dort größer, ein Kruzifix am Straßenrand zu finden, das an einen tödlichen Autoabsturz erinnert, als eine Tankstelle. Deshalb fahren die Einheimischen im Gegensatz zu Dario immer mit einem Extrakanister Benzin herum. Dario und ich standen mit der offenen Autotür am Weg, und wir warteten eine Ewigkeit, bis der Lkw eines Milchmanns aufkreuzte. Dieser zweigte genug Benzin von seinem Wagen ab, damit wir zurück nach Altamonte fahren konnten. Dario nahm seine Geldbörse heraus. Mein Italienisch reichte aus, um zu verstehen, dass der Milchmann ›*No no no, grazie! Signor Dario, no! Che mi faccia un autografo*‹ sagte. Ich fragte mich, wie viele Milchmänner in den Dörfern des Bundesstaates New York lieber eine Unterschrift von de Kooning oder Rothko hätten als ein paar Zwanzig-Dollar-Scheine.«

Beim Mittagessen bei Farah im April berichtete Ruth, dass Frank Bruno wieder einmal abgesagt hatte. Er konnte seinen Frühlingsschnupfen nur schwer loswerden. Die Freundinnen mussten schmunzeln.

»Ärgerst du dich über ihn, Ruth?«, fragte Farah.

»Ich hätte gern ›Nicht doch‹ gesagt, wenn ich euch nicht gerade davon erzählen würde.«

Da es Bessies Mann Colin nicht so gut ging, kam sie im Mai nicht zum Lunch bei Lotte.

Frank musste seinen erwachsenen Sohn irgendeinem heillosen Durcheinander entziehen und war zur letzten Verabredung nicht erschienen.

Daraus ergab sich das Rätsel, dessen Lösung den vier Freundinnen viel Grund zur Spekulation gab.

»Also: Wenn dir jemand von einem heillosen Durcheinander, einem Schnupfen und einem Sohn erzählt, musst du ihm glauben«, sagte Lotte.

»Ich kann mir einen Zwanzigjährigen vorstellen, der zu schüchtern ist, um eine berühmte Persönlichkeit anzusprechen, aber was hält einen New Yorker mittleren Alters davon ab, durch ein Zimmer zu gehen, um eine Frau anzusprechen ...«

»Eine alte Frau«, sagte Ruth.

»Bei einer Party in New York«, sagte Lotte.

»Bei einer Shiv'a in New York«, sagte Ruth.

Im Juni trafen sich die Ladies bei Bridget.

Frank hatte es noch nicht zu Ruth geschafft, und Bridget sagte, *sie* hätte eine Geschichte auf Lager.

»Ich habe meine wunderbare zwanzigjährige Nichte Lily gefragt, ob sie sich daran erinnert, dass sie meine Wohnung nicht betreten wollte, wenn meine neunzigjährige Mutter da war. Lily sagte, dass sie sich daran erinnert und dass meine Mutter den Bügel ihrer Brille *über* dem Ohr anstatt *dahinter* hatte, und sie sich deshalb fürchtete. Sie erinnert sich daran, dass sie weinen musste und nicht in die Wohnung kommen wollte.«

»Wie alt war Lily damals?«, fragte Lotte.

»Vielleicht sechs?«

»Und wie erklärt das, dass ein erwachsener Mann auf einer Party nicht mit Ruth sprechen will?«

»Bei einer Shiv'a«, sagte Ruth.

»Wieder mal eine Geschichte, die keinen Sinn ergibt«, sagte Bridget.

Bevor alle in die Sommerferien fuhren, trafen sich die Ladies Anfang Juli wieder bei Ruth zum Lunch. Nein, Frank war nicht gekommen. Frank hatte angerufen …

Die Freundinnen begannen zu lächeln.

»Frank hat mir erzählt, dass es in der Wohnung neben ihm gebrannt habe.«

Die Freundinnen begannen zu lachen.

»Vielleicht hat es wirklich gebrannt?«, meine Bridget.

»Gut möglich«, sagte Ruth.

2

Von Martinis und vom Vergessen

»How pleasant the sight of a cheerful old person«

Anonym

»Ich liebe Ihre Stola«, sagte Lotte zu der gut aussehenden alten Frau auf der Party. »So wunderschön.«
Die Frau bedankte sich bei Lotte, aber ihre Augen
wanderten unbewusst nach links. Sie erkannte Lotte
nicht, noch konnte Lotte den identischen Ausdruck
auf ihrem eigenen Gesicht verbergen. Auch wenn man
ihr das Messer angesetzt hätte, hätte sie nicht sagen
können, ob sie den Namen der Frau vergessen hatte
oder ob sie ihr überhaupt schon einmal begegnet war.
Lotte ging an einem Stock, und die Frau mit der Stola
bot ihr an, ihr ein Getränk zu holen.

»Danke, aber im Moment möchte ich nichts trinken«, sagte Lotte zu ihr. »Ich kann mir später selbst
ein Glas holen.«

Lotte war froh, Bessie beim Kleiderständer zu sehen und ging zu ihr. »Ich werde meinen Stock hier
verstauen«, sagte Bessie. »Sonst stolpern die Leute
noch drüber.«

»Du hast es geschafft, von Rockingham hierherzukommen«, sagte Lotte.

»Ich habe es geschafft«, sagte Bessie.

»Wie geht es Colin?«

»Colin geht es gut – gut genug. So lala.«

Bessie musste wissen, dass ihre Freundinnen Colin nicht leiden konnten. Er war der einzige Ehemann, der noch am Leben war. Colin besaß Häuser und Autos, sprach über die schlechte Parksituation und starb an einer langsam fortschreitenden, furchtbaren Krankheit.

»Wer ist die alte Frau mit der roten Stola?«, fragte Lotte Bessie.

»Cynthia«, sagte Bessie, »deine Gastgeberin.« Dem fügte Bessie hinzu, dass sie überrascht war, Lotte zu sehen.

»Wieso bist du überrascht? Das dritte Mal, als ich dich angerufen habe, um dich nach der Adresse zu fragen, warst du berechtigterweise ungehalten.«

»Aber du hast gesagt, du würdest nicht hingehen.«

»Nun, ja«, meinte Lotte, »die Vorstellung, meine Wohnung zu verlassen, führt unmittelbar zu dem Bedürfnis, mit dem Kindle ins Bett zurückzugehen. Eine kleine Agoraphobie, aber ich mag Partys.«

»Wenn du das eine Party nennen willst. Ich hoffe, sie haben hier Martinis.«

»Wieso ist das hier keine Party?«, fragte Lotte und folgte ihrer Freundin, die sich in der schönen Wohnung auszukennen schien.

Ein außergewöhnlich riesiger junger Mann stellte sich ihnen in den Weg. Ein jüngerer Mann auf jeden Fall, der Bessie küsste und fragte: »Hat jemand Cynthia gesehen?«

»Wer war das?«, fragte Lotte Bessie.

»Keine Ahnung«, sagte Bessie. »Er erinnert mich an die Studenten aus den Siebzigerjahren, die hinter ihren Bärten hervorkrochen, um einen zu umarmen.«

»Und wer ist Cynthia?«

»Deine Gastgeberin. Die Frau mit der Stola«, sagte Bessie.

Die alkoholischen Getränke befanden sich in der Küche, wo Bessie in ein Gespräch mit einigen Bekannten verwickelt wurde. Lotte streckte ihre Hand einem alten Mann entgegen, der ganz allein dastand. »Mein verstorbener Mann und ich hatten eine Abmachung«, sagte sie. »Auf jeder Party würden wir mit mindestens einer Person sprechen, die wir nicht kennen.«

»Dann habe ich heute das Glück«, meinte der alte Mann, der ein sympathisches Gesicht hatte.

»Das waren noch Zeiten ...«, meinte Lotte.

»Wo Wein in Strömen floss und es Rosen regnete.«

»Ich wollte sagen, das waren noch Zeiten, als ich achtzig Prozent der Leute auf einer Party kannte. Heute kenne ich nur zwei.«

»Dann haben Sie mich um eine Person geschlagen«, sagte er. »Welche zwei kennen Sie?«

»Meine Freundin Bessie, die ich schon seit mehr als einem halben Jahrhundert kenne, und die Frau mit der schönen roten Stola, mit der ich gerade gesprochen habe.«

»Die kenne ich auch. Sie ist meine Schwester«, sagte der Mann. »Ruthie war unsere Tante. Ich bin von Albany reingefahren.«

Sie drehten sich um fünfundvierzig Grad, und der riesige jüngere Mann, der Bessie ins Gespräch geküsst hatte, gesellte sich zu ihnen.

»Wir sprechen von all den Leuten, die wir nicht kennen«, erzählte ihm Lotte.

»Ich arbeite gerade an einem Algorithmus, der die Gesichtsmuskeln des Menschen, mit dem man gerade redet, so deutet, dass man weiß, wer der Mensch ist und woher man ihn kennt«, sagte der jüngere Mann.

Bessie servierte Lotte und sich einen Martini. »Setzen wir uns hin«, sagte sie. »Ich kann nicht so lange stehen.«

»Du kommst gerade recht. Ich habe meinen gesamten Gesprächszündstoff aufgebraucht«, sagte Lotte. Sie trugen ihre Cocktails zu einem gemütlichen Sofa und setzten sich hin. »Kannst du mir noch mal den Namen der Gastgeberin verraten?«, bat Lotte Bessie.

»Cynthia.«

»Ich habe mit ihrem Bruder gesprochen …«

»Sebastian«, sagte Bessie.

»Wer ist Ruthie?«

»Ruth Berger«, sagte Bessie. »Cynthias und Sebastians Tante, die mich immer an diesen Cartoon aus dem *New Yorker* erinnerte: ›Das ist Mortimer, ihr erster Mann und ihr zweiter Roman.‹ Gefällt es dir auf Partys immer noch?«, fragte Bessie Lotte.

»Auf jeden Fall.«

»Ich erinnere mich daran, wie wir uns von Partys immer erhofften, dass uns etwas – oder jemand – passieren würde«, sagte Bessie. »Wofür habe ich mich heute fein gemacht? Wieso bin ich von Old Rockingham in die Stadt gefahren?«

»Um Menschen zu sehen«, meinte Lotte. »Und Gespräche zu führen.«

»Und hast du heute schon ein gutes Gespräch geführt?«

»Nicht diese bestimmte Art von Gespräch. Es ist so wie auf den Bällen von anno dazumal – man tanzt mit einem Partner und dann mit einem anderen.«

»Und du unterhältst dich heute gut?«

»Auf jeden Fall.«

Bessie sah sich im Zimmer um. Ihr Gesichtsausdruck verriet Lotte, dass es Colin nicht gut ging. »Was macht diesen Tag für dich zu einem guten Tag?«, fragte Bessie Lotte.

»Lass mich mal nachdenken. Soweit ich weiß, geht es meinen Kindern gut und sie sind mehr oder weniger kreditwürdig. Zweitens tut mir mein rechtes Knie nicht weh. Drittens erfreut mich der Anblick von – wie heißt sie noch mal?«

»Cynthia.«

»Von Cynthias wunderbarer roter Stola. Und ihr Bruder ...?«

»Sebastian.«

»... hat ein sympathisches Gesicht. Ich bin gern in dieser schönen Wohnung, auf dem gemütlichen Sofa, mit einem guten Martini in der Hand. Ich rede gern mit dir mit dem Partygeplapper im Hintergrund.«

»Das Geplapper einer Shiv'a«, sagte Bessie.

»Noch eine Shiv'a? Wessen Shiv'a?«

»Die Shiv'a von Cynthias und Sebastians Tante, Ruth Berger.«

»Wirklich?«

»Von wem stammt der Ausspruch, dass Begräbnisse und Leichenschmäuse die Cocktailpartys alter Menschen sind?«

3

Wie Lotte Bessie verlor

»Freunde, die durch die geistigen Bande verbunden
sind, werden ab einem bestimmten Jahr aufhören,
die notwendige Reise zu unternehmen,
um *einander zu sehen*.«

Inspiriert von Marcel Proust

Liebe Bessie, meine teure Freundin,
ich möchte gern verstehen, für welches meiner Ver-
gehen ich bestraft werden sollte, als du mich weder
sehen noch hören konntest, während ich nach dir rief.
Hören wir unsere Namen denn nicht, selbst wenn
wir uns in der Menschenmenge in einem Konzert-
saal langsam den Gang vorarbeiten? Wieso hast du
mich außerdem nicht wissen lassen, dass du in die
Stadt kommst? Bei wem übernachtest du? Ich musste
dich am Ellbogen berühren, und dann setzten wir natürlich beide unser bestes Lächeln auf, und ich stieß
kleine Freudenschreie aus, weil es immer ein Ver-
gnügen ist, dich zu sehen. Oder hast du mich einfach
nicht in der Reihe links von dir gesehen, drei Sitze
vom Gang entfernt? Ja sicher, wir sehen nicht mehr

so gut wie früher, und du warst damit beschäftigt, dir einen Platz zu suchen. Du hast dich nicht auf den leeren Sessel neben mich gesetzt, weil du, wie sich herausstellte, nicht allein warst.

»Du erinnerst dich sicher an Anstiss«, ließest du mich wissen. Ich kann mich heutzutage nicht mehr so gut an Namen erinnern, aber Anstiss vergisst man nicht so leicht. Sie ist eine Frau von Welt, Mitte neunzig, einen halben Kopf größer als du und ich. »Ich habe dir mein Haus in Old Rockingham gezeigt«, sagte Anstiss zu mir. »Das Haus rechts neben dem von Colin«, hast du gesagt. »Er schlug dir einmal vor, dass du es kaufen solltest.« Ich hätte nicht sagen sollen: »Damit er Zugang zum Parkplatz hat«, und auch nicht weiter ausführen: »Und er hat meinen miserablen finanziellen Zustand vollkommen unterschätzt.« Dann hast du gesagt: »Habe ich dir schon erzählt, dass wir ein kleines Pied-à-Terre in Manhattan gekauft haben?« »Das hast du mir nicht erzählt«, sagte ich. Du hast mich auch nicht dazu aufgefordert, mit dir und Anstiss gemeinsam Plätze zu suchen, damit wir zusammensitzen könnten.

Was haben wir nicht alles gemeinsam unternommen, Bessie – du, Eli, Matthew und ich: unsere Filmabende am Freitag, gemeinsame Thanksgiving-Feste und Sederfeiern. Wie viele Silvesterabende haben wir zusammen überlebt und wie viele Sommerferien bis zu unserer Reise nach Venedig, nachdem wir vier unsere letzten Prüfungen an der Uni abgelegt hatten?

Jenes Vaporetto, auf dem niemand fuhr außer uns, drei holländischen Studenten mit vollen Rucksäcken und einer schönen venezianischen Großmutter. Du fandest, dass ihr Haar und Kleid wie aus Zinn gegossen schienen. Ihr kleiner Enkel war mit uns mit dem Nachtflug gekommen und auf ihrem Schoß eingeschlafen. »Ich kann nicht glauben, dass Sie tatsächlich hier leben«, hatte ich zu ihr gesagt. Sie zeigte durch den Spalt links auf ihr Haus, den Palazzo Zevi. Ich glaube, wir warteten darauf, dass sie uns einladen würde. Sie sagte uns nur, wo wir aussteigen sollten und wo es zum Hotel ging.

Erinnerst du dich an unsere freudige Aufregung, als wir unser Gepäck durch die romantischen Straßen von Venedig trugen? Außer einer Gruppe von leicht betrunkenen jungen Männern war niemand wach. Sie saßen um einen Tisch vor einer geschlossenen Taverne in einer Weinlaube. Ihre Hemden hatten die Farbe des Mondes. Einer stand auf, trug sein volles Glas wie ein Lichtsignal vor sich und führte uns um zwei Ecken zu dem kleinen Hotel. Es war ebenfalls über Nacht geschlossen. Durch eine Glasscheibe konnte ich einen Portier sehen, der sich auf seinem Klappbett aufsetzte, seine Ellbogen auf seinen Schoß stützte, sein Kinn auf seine Handteller legte und wieder einschlief. Unser junger Venezianer schlug auf italienisch an die Tür, bis der Portier uns unsere Schlüssel gab und sich wieder auf sein Klappbett fallen ließ. Unser Venezianer in seinem mondfarbenen Hemd kehrte wahrscheinlich zu seinen Freunden in der Weinlaube zurück. Wir schleppten unser Gepäck die Treppe hinauf und fielen schließlich in unsere Betten.

Dir und mir – uns – gefiel es so gut, dass unsere Männer sich mochten. Mein Matthew glich seine Körpergröße von 1,52 Meter durch seine ständigen Witze aus. Er konnte nicht damit aufhören. Seinen Schätzungen zufolge würde jeder dritte Witz ein Treffer sein, und sein Ziel war, die Fehlschläge dazwischen zu eliminieren. Eli war damit beschäftigt, sich einen Bart wachsen zu lassen, was zu jenem Zeitpunkt, soweit ich das in Erinnerung habe, nicht so gut klappte.

Wasser, Wetter und Zeit hatten auf den Wänden der Palazzi ihre Spuren hinterlassen, Bessie. »Die Großmutter hat uns nicht in ihren Palazzo eingeladen, weil venezianische Palazzi nichts in der Mitte haben«, sagte Eli. »Aber sie haben eine zweite Fassade, an der eine andere Gondel auf einem anderen Kanal entlangfährt«, meinte Matt. Ich kann dir nicht sagen, ob das wirklich eine so witzige Bemerkung war, wie ich damals glaubte, und es immer noch glaube. Ich war in uns vier verliebt. Schon komisch. Ich hätte damals darauf geschworen und würde heute immer noch darauf schwören, dass unsere Freundschaft bis ins hohe Alter andauern würde!

Da unsere Männer über die Karte gebeugt waren, sahen sie nicht, dass sich eine Tür öffnete und eine Frau ihren Fuß auf einen mit Moos bedeckten und von Wasser umspülten Trittstein setzte. Du und ich schauten durch die Öffnung in den Garten innerhalb eines nicht existierenden Raumes, wo riesige Farnwedel aus einem weißen Marmorbecken wuchsen und bis auf die darunterliegende Terrasse fielen. Du sagtest, sie seien so tiefgrün wie der Käfer, den du als Kind einmal in einer Zündholzschachtel aufbewahrt hattest und der gestorben war. Nachdem die Frau den Kübel nochmals umgestülpt hatte, um das restliche Wasser am Boden auszuleeren – ein unmögliches Unterfangen –, ging sie einen Schritt zurück und schloss die Tür.

Du hast Eli geheiratet. Matthew und ich heirateten und sahen euch dabei zu, wie ihr euch gegenseitig auf die Nerven gingt. Aber ihr wart wunderbar – ihr habt zu uns gehalten. Kein Bruder und keine Schwester hätten uns in dem schrecklich langen Jahr, in dem Matthew starb, näherstehen können.

Eli erinnert sich daran, dass du Colin ursprünglich für mich vorgesehen hattest. Du konntest es nicht ertragen, dass ich traurig und einsam war. »Er ist groß, sieht gut aus und hat ein Boot«, sagtest du zu mir. »Wir fahren alle übers Wochenende in sein Haus in Connecticut.« »Ich nicht«, sagte ich. »Doch, du auch!«, war deine Antwort. »Und er besitzt auch ein Haus in Aix-en-Provence.« Ich fragte dich nicht, wieso ich Colin Woodworth deiner Meinung nach aushalten könne. Oder habe ich dich gefragt?

Ich erinnere mich nur an deinen enttäuschten Gesichtsausdruck und deine Frage: »Glaubst du nicht, dass er ein Prachtexemplar von Mann ist?« »Colin hat mir zwei alternative Routen aufgezeichnet, wie ich von mir zu seinem Haus in Old Rockingham gelange«, antwortete ich. »So ein böser Mensch, dass er dir die Anfahrt erleichtern will!«, sagtest du. Bessie! Hast du nicht diesen dämlichen mannshohen Holzzaun gesehen, der die Fußgänger auf der Bay Street davon abhalten sollte, auf Colin Woodworths quadratischen Flecken Gras zu schielen, der wie ein Spielzeuggarten in einer originalverpackten Schachtel aussah?

O, aber die Terrasse hinter dem Haus! Von dort hatte man einen weiten Ausblick auf die sich ständig kräuselnde blaue Bucht und die vielen kleinen weißen Bootsdreiecke, die darin herumsegelten. Wir lagen auf sonnenwarmen Holzplanken und tranken Martinis, und ich wünschte mir, dass Colin endlich den Mund halten und nicht mehr über das neue Subjekt in Old Rockingham sprechen würde, für das Verträge – in seinen Worten – nicht das Papier wert waren, auf dem sie geschrieben sind. »Welches Subjekt wäre das?«, fragte ich ihn. Eli nutzte den Moment, um aufzustehen, und fragte, ob jemand von uns ins Dorf spazieren wollte. »Colin spricht von seinen nervigen Nachbarn auf der linken Seite«, sagtest du. »Wie die Familie Bains in Nummer acht. Sie sind nur auf ihren Vorteil bedacht.« »In dem Punkt ähneln sie wahrscheinlich dir und mir und fast jedem anderen Menschen, den wir kennen«, sagte ich. »Ich weiß nicht, was du meinst«, sagte Colin und holte das eben erst geschossene Polaroidfoto heraus, das bewies, wie offensichtlich, *unverschämt* offensichtlich, der Toyota der Familie Bains auf der Woodworth-Seite geparkt stand, und Colin fuhr mit seinem Finger eine imaginäre Linie entlang, um damit die Mitte des Parkplatzes zu markieren, den sich die angrenzenden Parteien teilten. »Aber haben sie das nicht getan, weil ich in meiner Unwissenheit auf der Bains-Seite geparkt habe?«, fragte ich. Eli fragte, ob du mit spazieren kämst. Du verneintest. »Sie wollen mich einfach provozieren«, sagte Colin. »Ich habe bereits meinen Anwalt in Boston angerufen.«

Als wir uns auf die Heimfahrt machten, sagtest du: »Er ist der perfekte Gastgeber.« »Er macht gute Martinis«, sagte ich. »Das Dorf ist nett, wenn man sich in einem Museum wohlfühlt«, sagte Eli. »Ich finde ihn nett. Im Grunde genommen ist er ein großzügiger, liebenswerter Mann, oder nicht?«, sagtest du. »Colin Woodworth ist ein Esel, und das weißt du ganz genau.« Dieser Satz hätte niemals über meine Lippen kommen sollen. Ich fühlte mich gemein und ein bisschen schuldig, als Colin mich das nächste Wochenende ganz freundlich und nett erneut nach Connecticut einlud. Er sagte, dass er mir eine Alternativstrecke zur Alternativstrecke schicken würde, damit ich mir mindestens zwanzig Minuten Fahrtzeit ersparen könne. Ich fragte ihn, ob du und Eli auch kommen würdet, und er sagte Ja.

Ich erinnere mich nur an das eine Gespräch, das du und ich einmal über Colin geführt haben. Wir sprachen über ihn, nachdem du und Eli beschlossen hattet, getrennte Wege zu gehen, und Eli nach London gezogen war. Du bist zu mir gekommen, um mir zu erzählen, dass du nach Connecticut ziehst: »Wieso sollte es dich überraschen, dass ich eine Person gernhaben kann, die nicht deinem Geschmack entspricht? Ich halte ihn für einen lieben Mann.« »Ich bin mir sicher, dass er dir lieb ist«, sagte ich. »Das ist ja offensichtlich.« »Er muss mich ja nur mögen, eine nette Abwechslung nach Eli«, sagtest du. »Nun, ich werde Colin deinetwillen mögen.« »Und du kommst uns am Wochenende besuchen«, sagtest du. »Und du fährst nächsten Sommer mit uns in die Provence.«

Ich versuche mich an Folgendes zu erinnern: Wann hast du aufgehört, mich einzuladen? Wann begann ich neidisch darauf zu sein und zu bedauern, dass ich kein Haus hatte, in das ich *dich nicht* einladen konnte? Ich weiß nicht, ob ich dir dafür die Schuld geben soll, denn ich war ja niemals nett zu Colin und habe niemals nett über ihn gesprochen. (In unseren E-Mails nennen Eli und ich ihn Mr. Collins.) Du wusstest, dass ich bei Eli gewohnt habe, als ich eine Woche in

London verbrachte. Komisch, dass Eli und ich unsere Briefe danach nicht mehr mit »Alles Liebe, Eli« und »Alles Liebe, Lotte« unterschreiben konnten – diese Worte waren zu bedeutungsschwer geworden. Das alles, nachdem du Colin geheiratet hattest, und natürlich habe ich mich gefragt, ob der Sex für Verdruss gesorgt hat. Und noch immer für Verdruss sorgt. Was dagegen spricht, ist, dass du in all den Jahren seither bei mir übernachtest, wenn du in die Stadt kommst. Wir gehen ins Theater oder zu den Partys, auf die Colin keine Lust hat. Und wir sprechen miteinander. (Eli und ich fragen uns, worüber du und Mr. Collins sprecht, abgesehen von dem noch immer schwelenden Parkplatzkonflikt.)

Du und ich haben stundenlang miteinander gesprochen. Warte mal. Ich musste mir schnell meine Jane Austen herholen. Jetzt habe ich die Stelle gefunden. Emma denkt an Mrs. Weston, die Freundin, die interessiert war »an all ihren Vergnügungen und Plänen. Mit ihr konnte sie alles besprechen, was ihr in den Sinn kam.« Bessie, so waren du und ich, bis du gelernt hast, »wie auch immer« zu sagen, was nur folgendermaßen interpretiert werden kann: »Wenn du aufhörst, mir das zu sagen, was du sagst, dann können wir zu dem zurückkommen, was ich gesagt habe.« Und so überlege ich mir jetzt zweimal, liebe Bessie, ob ich etwas sage, sobald mir etwas in den Sinn kommt, und das in einem Lebensabschnitt, in dem ich wahrscheinlich öfter einen Namen oder das richtige Wort vergesse. Bessie! Bist du sicher, dass du nicht hören willst, was ich sagen will? Oder glaubst du, dass ich nicht hören will, was du zu sagen hast?

Ich bin in der Pause zu dir hinübergegangen. Wir standen herum und sprachen miteinander. Das heißt, du und die uralte Anstiss seid auf euren Plätzen sitzen geblieben, und ich bin stehen geblieben. Ich wollte sagen, dass du, Eli, Matthew und ich uns immer – dieses Stück angehört hatten, welches genau, fiel mir nicht mehr ein. Ich fragte dich, was ihr nach dem Konzert vorhättet, und es schien, als ob ihr euch mit einigen Leuten aus Old Rockingham zu einem späten Abendessen treffen würdet. »Ich sehe dich beim nächsten Ladies' Lunch«, sagtest du. »Ich rufe dich an, falls ich früher in die Stadt komme.« »Wunderbar«, erwiderte ich. »Lass es mich nur rechtzeitig genug wissen.« »Ja, sicher«, sagtest du, und ich ging zu meinem Platz zurück.

Nach dem Konzert stand ich draußen auf dem Gehsteig und wartete darauf, dir zum Abschied winken zu können. Um dich herum stand ein kleines Gemenge von gut angezogenen und gut aussehenden älteren Ehepaaren, die alle in ein Taxi stiegen. Deine Hand lag stützend unter dem Ellbogen von Anstiss. Mir war klar, dass du mich einfach nicht gesehen hast.

Hier ist etwas, worüber wir das nächste Mal sprechen können: Wie einfach ist dieses »einfach«? Ich werde dich anrufen.

Alles Liebe,
Lotte

4

Mutter Lear

Als Bessie sagte: »Halten wir König Lear im ersten Akt nicht für einen dummen alten Mann, bevor er offiziell verrückt wird?«, wurden die um den Mittagstisch versammelten Freundinnen hellhörig. »Aber dann«, fuhr Bessie fort, »werden wir alt und haben Töchter. Gestern kamen Eve und Jenny nach Old Rockingham, um sich zu verabschieden ...«

»Wohin fahren sie?«, fragte Farah.

»... sie kamen, um sich zu verabschieden«, fuhr Bessie fort, »zu einem Zeitpunkt, wo mich Colin immer dringender braucht.«

»Aber es sind nicht Colins, sondern Elis Kinder, nicht wahr?«, fragte sie Farah.

»Ja. Sie wollen eine Woche mit ihrem Vater in London verbringen«, antwortete Bessie. »Danach nehmen sie sich einen Monat frei – sie halten sich vieles offen und ziehen vielleicht für eine längere Zeit nach Spanien oder Italien ...«

»Freust du dich nicht für sie?«, fragte Farah.

»Gerade das ist der Haken«, sagte Bessie. »Der arme alte Lear verlangt von seinen erwachsenen

Töchtern, dass sie ihm überschwänglich ihre Liebe bekunden. Das richtige Maß an Verbundenheit aber, das sein aufrichtiges und pflichtgetreues Kind empfindet, bringt ihn zur Raserei.«

»Warum sollen deine Kinder ihre jungen Jahre um Gottes willen zu Hause verbringen, um ihrem Stiefvater beim Sterben zuzusehen?«, fragte Lotte.

»Liebe Lotte, erklärst du mir gerade, was ich dir erklären wollte?«, sagte Bessie. »Genau das habe ich gesagt. Natürlich ist es ein Unsinn, aber, aber ... wieso fühle ich mich nach ihrer Abreise wie ein Kind, so mutterseelenallein?«, sagte Bessie.

»Weil du gehofft hattest, dass du dich in ihre *sanfte Pflege* begeben könntest?«, zitierte Farah.

»Um Gottes willen, nein! Auf keinen Fall.«

»Du wärst eine bessere Protagonistin in deiner Geschichte, wenn du den Mutter-Lear-Aspekt nicht von vornherein diagnostiziert hättest«, meinte Bridget, die Schriftstellerin in der Runde. »Die Handlung kann sich so nicht weiterentwickeln.«

»Gib mir eine Rolle«, sagte Bessie lachend. »Schauen wir, ob ich sie spielen kann.«

»Könntest du dir vielleicht vorstellen, *wie es schärfer nage, als Schlangenzahn, ein undankbares Kind zu haben*? Oder könntest du beide mit dem *Fluch der Unfruchtbarkeit* belegen?«

»Mir ist es noch nie in den Sinn gekommen, meinen Samson zu verfluchen, wenn er mir anbietet, eine 24-Stunden-Pflege zu finden«, sagte Lotte.

»Wie langweilig von uns«, sagte Bessie. »Wir geben nur mittelmäßige Protagonistinnen ab. Für das Tragische eignen wir uns nicht.«

»Ihr könntet versuchen, Lear als einen alten Linken darzustellen«, sagte Ruth, die pensionierte Rechtsanwältin und Aktivistin. *»Gib preis dich, fühl einmal, was Armut fühlt – wie heißt es noch mal? – Dass du hinschüttst für sie dein Überflüss'ges, und rettest die Gerechtigkeit des Himmels.«*

»Ja, nur dass wir vor dem Regen ins Haus geflüchtet sind, um den Tisch sitzen und unsere Sorgen wie vernünftige alte Frauen diagnostizieren«, meinte Bessie. »Unsere Kinder würden uns niemals glauben, dass wir so ruhig in die Runde blicken und uns fragen, welche von uns die Nächste sein wird.«

5

Der Arbus-Faktor

An einem der ersten Tage des neuen Jahres bekam
Hope einen Anruf von Jack. »Treffen wir uns zum Mittagessen. Ich muss mit dir über etwas reden«, sagte
er. Er musste ihr weder das Lokal nennen – Café Provence – noch den Zeitpunkt – Viertel vor zwölf, wenn
sie sicherlich einen Tisch beim Fenster ergattern würden.

Sie lasen die Speisekarte und hörten sich an, welche Spezialitäten heute serviert wurden. »Ich glaube
immer, dass ich etwas anderes bestellen werde«,
sagte Hope und bestellte sich die Zwiebelsuppe. Jack
bestellte sich das Cassoulet. »Ich sollte mir *eigentlich*
den Fisch bestellen. Und eine Flasche Ihres Merlot«,
sagte er zur ernst dreinblickenden Besitzerin, »den
wir gleich trinken werden.«

»Wir teilen uns einen Salat«, sagte Hope. Sie beobachtete Jack dabei, wie er die Besitzerin dabei beobachtete, wie sie in Richtung Bar ging. Sie trug einen
auffallend kurzen Rock für eine Frau um die fünfzig.
Hope sah die langen, nackten, braunen, athletischen
Beine der Frau durch Jacks Augen.

Jack war ein großer Mann mit einem dunklen, schweren Gesicht. Er wandte sich Hope zu. »Und?«

»Alles okay. Und bei dir?«

»Worüber ich mit dir reden wollte: Wenn wir noch immer Vorsätze fürs neue Jahr hätten, was wären deine?«

Hopes Interesse war geweckt. »Ich denke noch nach. Du zuerst.«

»Achtsamer essen. Es ist nicht das Gewicht, sondern das ständige Denken ans Essen. Ich esse keine richtigen Mahlzeiten, außer wenn Jeremy zu mir kommt«, sagte Jack. Jeremy war sein Sohn.

»Ich werde mehr darauf achten, was ich mir anschaue, und dann werde ich den Fernseher auch ausschalten. Es ist hässlich, wenn man in der Früh aufwacht und das Ding immer noch flimmert. Es fühlt sich schäbig an.«

»Ich werde keine Bücher von Amazon bestellen, bevor ich nicht die in meinem Regal gelesen habe«, sagte Jack.

»Ich werde meine Kleider aufhängen, auch wenn niemand zu Besuch kommt. Nora ist sehr streng mit mir«, sagte Hope. Nora war ihre Tochter.

Die Besitzerin kam mit dem Wein. Jack überprüfte das Etikett, roch am Korken, kostete den Wein und nickte. Der Salat wurde serviert. Hope verteilte ihn auf ihre zwei Teller.

Jack machte eine Bemerkung zu Hopes Aufsteckfrisur. »Sehr vorteilhaft«, meinte er.

»Danke. Hier ist ein alter Vorsatz: Französisch lernen. Wie hieß mein Lehrer, als wir aus Paris zurückkamen? Ich habe Französisch zwar elf Jahre in der Schule gelernt, aber du musstest in Frankreich das Reden übernehmen.«

»Ich möchte gern lernen, wie man betet«, sagte Jack.

Hope schaute ihn über den Tisch an, um herauszufinden, ob er einen Witz machte. Jack konzentrierte sich darauf, ein ganzes Stück Salat auf seiner Gabel zu falten und in seinen Mund zu bekommen.

»Ich werde niemals die Theorie hinter der Praxis verstehen, wonach man Salat nicht in bissgerechte Stücke schneiden darf.«

Die Zwiebelsuppe wurde serviert, dann das Cassoulet. Jack fragte Hope, ob sie gern noch einmal hinfahren wollte.

»Wohin? Nach Paris?« Jack und Hope hatten zusammengelebt, bevor sie zwei andere Partner geheiratet hatten. Jack hatte sich in der Folge von seiner Frau scheiden lassen, die später gestorben war. Hope war Witwe.

»Nach Paris. Nach Aix«, sagte Jack.

»Ich wollte dich schon länger etwas fragen«, sagte Hope. »Waren wir jemals in diesem Garten zusammen? Sind wir unter jahrhundertealten Bäumen spazieren gegangen? Haben wir im Gras gelegen und in die Baumkronen geblickt, in Frankreich oder in England? War es ein uralter englischer Garten? Ist es ein Garten aus einem Buch?«

»Was hält uns davon ab?«, fragte Jack.

Es gab natürlich viele Gründe, die sie davon abhielten, wieder hinzufahren. Die zwei kleinsten Gründe pressten in diesem Moment ihre Nasen gegen die Glasscheibe des Restaurants. Der zehnjährige Benjamin steckte seine Daumen in seine Ohren und winkte seinem Großvater mit seinen Fingern. Hope tat so, als ob sie die Hand ihrer Enkelin durch das Glas zu fassen bekommen wollte. Die kleine Miranda lachte, und da standen Hopes Tochter Nora mit Baby Julie im Kinderwagen und Jacks Sohn Jeremy auf dem Gehsteig. »Ich gehe kurz aufs Klo«, sagte Hope lautlos zu ihrer Tochter.

»*Was*?«, sagte Nora lautlos zurück, und ihr dünnes Gesicht verzog sich ärgerlich. »Sie weiß, dass ich sie durch das Fenster nicht verstehen kann«, sagte Nora zu Jeremy. Julie, das Baby im Kinderwagen, schrie die ganze Zeit. »Bleib du bei den Kindern. Ich gehe hinein, hole ihn und schaue nach, was sie will«, sagte Jeremy.

Jeremy ging ins Restaurant, an Jack und Hope vorbei bis zu der Ecke, wo er vor einer Stunde den Rollstuhl seines Vaters zusammengeklappt hatte. Hope stand auf, ging um den Tisch, um Jack zu küssen. Er küsste sie zum Abschied zurück.

»Schnell, schnell, Dad«, sagte Jeremy. »Ich muss zurück ins Büro.«

»Ich ruf dich an«, sagte Jack zu Hope. »Wir treffen uns wieder zum Mittagessen.«

Hope sagte durch das Fenster etwas Lautloses zu ihrer Tochter. »Julie, sei *bitte* ruhig! Mom, *WAS*?«

Hope deutete in Richtung Damenklo. »Soll ich mit dir mitkommen?«, bedeutete Nora mit ihren Händen.

Hope schüttelte verneinend den Kopf. Einer der Gründe, wieso sie sich im Café Provence trafen, war, dass sich das Klo im Erdgeschoss befand und nicht über eine lange Kellertreppe zu erreichen war.

Hope nahm Mantel und Tasche, öffnete die Tür zum Klo und sah im Spiegel über dem Waschbecken, dass ihr Haar sich aus den Klammern zu lösen begann. Sie nahm die Klammern heraus und sah ihre Mähne grauen, schulterlangen Haares mädchenhaft über ihre Schultern fallen. Hope sah, was Diane Arbus vielleicht gesehen hätte. Sie schaute sich entsetzt an, und dieses Entsetzen weckte ihr Interesse. »Wir müssen über etwas reden: Der Arbus-Faktor im Alter«, wollte Hope das nächste Mal zu Jack sagen, wenn es Jeremy und Nora einrichten konnten, für die beiden ein Mittagessen im Café Provence auszumachen.

6

Weiche Skulptur

»Meine Geburtstagsparty fand im März statt«, erzählte Ilka Bridget. Die zwei alten Freundinnen spazierten in der Übergangszeit am Riverside Drive, als man wieder einmal feststellen musste, dass man bei 9 Grad C mehr als nur eine Jacke tragen muss. »Damals habe ich ein sehr einfallsreiches Geschenk bekommen, eine kleine ... eine ... eine ... wie nennt man das Tier mit dem Exoskelett ... eine?« Ilka runzelte die Stirn, wurde ärgerlich und ungeduldig über das, das ... was ihr im Moment nicht einfiel. »Bridget«, sagte sie. »An welches Tier denkst du zuerst, wenn ich dir sage, dass es sein eigenes Dach ganz praktisch auf dem Rücken trägt ...?«

»Eine Schildkröte«, sagte Bridget.

»Eine kleine Schildkröte«, sagte Ilka. »Ein *Kröterl*. Es wurde mir in der Woche geschenkt, als Hitler in Österreich einmarschierte.«

Bridget blieb stehen und schaute ihre Freundin an, die jetzt sagte: »Natürlich kann ich mich nicht daran erinnern, welches der sechs oder sieben Mäderln das Tier mitgebracht hat, das sich dann als Enttäuschung herausstellte. Das Ding saß nur da und *rührte* sich nicht. Wir schubsten es hin und her, drückten ihm auf den Panzer und stupsten es an. Das Kröterl zog seinen Kopf unter seinen Panzer zurück und wollte sich auf den Tod nicht bewegen. Mutti kam schließlich zur Rettung und brachte alle Kinder ins Badezimmer. Du musst wissen, dass es ein Badezimmer im Wien der dreißiger Jahre war. Mutti holte Streichhölzer, zündete die Gasheizung an der Wand an und ließ fünf Zentimeter Warmwasser in die Badewanne ein. Sie setzte das Kröterl hinein, und es begann gleich zu marschieren und hörte nicht damit auf, in der Badewanne wie bei einem olympischen Wettlauf rundherum zu trotten. Am nächsten Tag kamen die drei Braunhemden und gaben uns vierundzwanzig Stunden Zeit, uns ein anderes Obdach zu suchen.« Wenn Ilka die Stirn runzelte, dann deshalb, um wieder einmal ihre Ur-geschichte zu erzählen.

Als die aufgestauten Tränen in Bridgets Kehle ihr erlaubten, wieder zu sprechen, fragte sie: »Wo seid ihr hingegangen?«

»Sie brachten mich zu meiner Schulfreundin Edith«, sagte Ilka. »Mutti und Vati schliefen bei ... anderen Leuten.«

Bridget war eine Schriftstellerin mit ihrer eigenen unverdaulichen irischen Vergangenheit. Jetzt ging sie weiter und war sich gewahr, wie der frostige Märztag die Bedeutung des Wortes »Obdach« unterstrich: Obdach ist ein Ort, an dem man Schutz sucht. Hat man kein Obdach, ist man außerhalb seiner eigenen vier Wände, ohne Dach.

»Und die Schildkröte?«, fragte Bridget Ilka. »Hast du sie mitgenommen?«

Ilka dachte nach und sagte: »Ich schaue zurück und kann es nicht sehen ... das *Kröterl* ist nicht zu Edith mitgekommen.«

»Aber erinnerst du dich daran, die Wohnung verlassen zu haben, daran, wie du zur Tür hinausgegangen bist? Hat deine Mutter die Schildkröte mitgenommen? Oder vielleicht dein Vater?«, fragte Bridget.

»Ich erinnere mich an das Badezimmer in unserer alten Wohnung«, sagte Ilka. »Mein Vater wetzte morgens sein Rasiermesser an einem Lederriemen. War der an der Türklinke befestigt? Jetzt stelle ich Vati wie Blaubart hin ... der Arme! Und immer wieder ist mir ein Malheur passiert, weil ich nicht gern nach Einbruch der Dunkelheit ins Badezimmer gegangen bin. Vatis Frotteebademantel hing über Muttis Mantel hinter der Badezimmertür und legte seinen Ärmel auf meine Schulter, wie ein Geist.«

»Vor Hitler«, sagte Ilka, »sind wir im Sommer in die Berge gefahren. Ich möchte mich immer umdrehen und meine Mutter fragen, wer uns später den vielen Enzian geschickt hat – die blauen Glockenblumen aus den Alpen, die ohne Stängel aus dem Boden wachsen. Wer hat so einen Haufen tiefblauer Blumen geschickt, dass nur die Badewanne groß genug dafür war?«

»Tot oder lebendig«, sagte Bridget ganz nervös. »Die Schildkröte muss irgendwo hingekommen sein.«

»Als meine Kinder klein waren«, sagte Ilka, »habe ich ihnen ein Plüschtier gekauft, eine weiche Skulptur, ein grünes Kröterl. Das -erl ist die wienerische Verkleinerungsform. Auf Deutsch wäre es ein Krötchen gewesen. Es muss noch irgendwo in der Wohnung herumliegen. Man konnte die Finger in die Handpuppe hineinstecken und ihren Kopf unter ihren Plüschrücken zurückziehen.«

»Und jetzt ist *MyKroeterl38@usa.com* deine E-Mail-Adresse«, sagte Bridget. »Dahin schreibe ich dir immer.«

»Ja«, sagte Ilka. »Das ist jetzt meine Adresse.«

7

Um die Ecke kann man nicht herumsehen

Nachdem das Mittagessen beendet war und sich kein neues Gesprächsthema ergeben hatte, saßen wir weiterhin am Tisch beim Fenster, von wo aus man auf den Hudson River sieht. Wir nippten an unserem Wein und schenkten uns noch ein Glas ein. In diesem Moment fragte Bridget, was sich jede von uns unter »Selbstfindung« vorstellte. »Lässt sich in der Bibel, bei Homer oder Shakespeare eine Person finden, die sich fragt: ›Wer bin ich?‹«

»Nur König Lear fragt: ›*Wer kann mir sagen, wer ich bin?*‹«, sagte Farah, und das Gespräch verlief wieder angeregt. »Gefällt euch nicht auch die Frage: ›Für wen hält er sich eigentlich?‹ oder ›Für wen hältst du dich eigentlich?‹, gefolgt von einem rhetorischen Ausrufezeichen?«, sagte sie.

Hopes Sessel war nach Osten gerichtet. Sie hatte die Leute auf der Dachterrasse des Nachbarhauses beobachtet und sagte: »Sie feiern eine Party und haben mich nicht einmal dazu eingeladen!«

»Kennst du die Leute denn?«, fragte Ruth Hope.

»Nein«, sagte Hope.

Ilka sagte, dass *ihre* Suche mit ihrer Großmutter Ilonka begonnen hatte, nach der sie benannt worden war. »Es gab ein altes, sepiabraunes Foto von ihr. Eigentlich zwei Fotos, die aus zwei verschiedenen Blickwinkeln durch eine offene Tür in ihr Schlafzimmer aufgenommen worden waren. Meine Großtante Mali ließ mich am Sonntagnachmittag mit – wie hieß es nun wieder? – einem Stereoskop spielen, als sich die Cousins und Cousinen meiner Mutter in der Wohnung außerhalb von Wien trafen. Ich erinnere mich nicht, ob mein Vater dabei war. Tante Mali war sehr dick und alt und hatte ein liebes, süßes Gesicht. Sie und der kleine Onkel Max sind nach Mauthausen deportiert worden. Das magische Stereoskop ließ auf dem Foto eine Blume im Wasserglas und das Glas selbst dreidimensional und wirklicher erscheinen als die sepiafarbene Großmutter, die in ihrem gehäkelten Bettjäckchen aufrecht dasaß.«

Lotte runzelte irritiert die Stirn und sagte: »Ich werde niemals verstehen, wieso uns etwas, das wir als dreidimensional oder virtuell wahrnehmen, mehr interessiert als der tatsächliche Gegenstand gleich vor unserer Nase …«

»Mimesis«, sagte Farah. »War es Aristoteles oder ich, der gesagt hat, dass uns etwas gefällt, das uns ähnlich ist, weil wir uns darin vielleicht selbst suchen?«

Ilka hing ihren eigenen Gedanken nach: »Das Zimmer ist von links beleuchtet, also muss es ein Fenster in der Ecke geben, um die man nicht herumsehen kann? Das Geheimnis des sepiafarbenen Schlafzimmers. Jemand muss die Blume gepflückt und Wasser ins Wasserglas gegossen haben. Jemand muss das Glas auf das Nachtkasterl im Schlafzimmer gestellt haben.«

»Davon spreche ich die ganze Zeit!«, sagte Lotte gereizt. »Welchen Schluss ziehen wir daraus über uns selbst, wenn wir von einer von uns erfundenen Person, die durch ein altes Foto geht, zärtlich berührt sind, aber uns keinen Deut um den Nachbarn scheren, der jetzt gerade an unserem Fenster vorbeigeht?«

»Meine Mutter hat die alten Eislaufschuhe gefunden«, setzte Ilka fort. »Dass die Großmutter im gehäkelten Jäckchen Schlittschuh gelaufen ist, hat mich verblüfft. Wann sind Schlittschuhe überhaupt erfunden worden?«

Ruth nahm ihr Handy heraus. »Im Jahr 3000 vor Christus«, sagte sie.

»Schaut mal!«, sagte Hope. »Schaut! Die Leute auf dem Dach! Sie tragen gerade die Torte heraus. Das ist eine Geburtstagsparty.«

»Geburtstage«, sagte Bessie. »Man redet davon, wenn man seinen eigenen nicht gefeiert oder den seiner Kinder verpasst hat, oder nicht zu einer Abschlussfeier kommen konnte. Kannst du mir *eine* wichtige Sache nennen, die bei einer Geburtstagsfeier, einer Abschlussfeier, einem Thanksgiving-Fest, einem Seder oder sogar bei einer Hochzeit ... passiert ist?«

»Oder bei einem Begräbnis«, sagte Bessie.

»Der nächste Ladies' Lunch findet bei mir statt«, sagte Ruth. »Unser Thema: ›Wer bin ich?‹«

Beim nächsten Lunch las ich den Ladies um Ruths Tisch vor, was ich geschrieben hatte, als ich am Morgen nach meiner Ankunft bei meiner ersten englischen Pflegefamilie aufgewacht war:

»Dort auf der Kommode stand der Koffer, den meine Mutter für mich gepackt hatte. Ich lag in einem fremden Bett und fragte mich, was ich machen sollte. Ich stand auf, begann mich langsam anzuziehen und öffnete die Tür zum Gang. Wo waren all die Leute? Am Abend zuvor waren da eine alte Frau in einem Pelzmantel gewesen und ihre Tochter, die mich vom Bahnhof abgeholt und in dieses Haus gebracht hatten, wo alle Lichter in allen Zimmern aufgedreht waren und mich viele lächelnde Leute anschauten. Ein Dienstmädchen mit einer langen weißen Schürze hatte mich ins Badezimmer im oberen Stock geführt und mir ein Bad eingelassen. Ich verstand, dass sie wollte, dass ich in die Badewanne steige, aber ich genierte mich und zog mich nicht aus, und am Morgen konnte ich mich nicht daran erinnern, dass mich jemand in dieses Schlafzimmer gebracht hatte. Ich ging in den Flur hinaus und hörte in die Stille hinein. Eine Tür war halb geöffnet. Ich spähte hinein und sah einen Frisiertisch. Im Rahmen des Spiegels steckten Fotos. Im Spiegel sah ich eine Bürste, einen Kamm und ein herzförmiges Nadelkissen. Ich stieß die Tür auf und redete mir ein, dass sie vielleicht durch Zufall aufgegangen war. Ich sah die Ecke von einem fremden Bett, auf dem eine glänzende grüne Decke lag. Ich wusste, dass ich das Schlafzimmer anderer Leute nicht betreten durfte, dass ich nicht einmal hineinschauen sollte. Durfte ich oder sollte ich die Treppe benutzen? Ich kroch hinunter zum nächsten Stockwerk. Dort gab es eine Reihe von Türen, aber alle waren geschlossen.«

»Schlafzimmer«, sagte Bessie. »Meine Damen, hat uns nicht Robbe-Grillet gezeigt, dass wir Teil jener frühsten Geometrie sind, noch bevor wir uns der Farbe einer Wand bewusst sind oder uns dieses oder jenes Möbelstück etwas bedeutet? Versetzt euch mal in das Bett in eurem ersten Schlafzimmer zurück. Ihr werdet euch erinnern, wo die Tür und wo das Fenster gewesen sind.«

»Und du definierst dich als diejenige, die in diesem ersten Schlafzimmer gelegen hat?«, fragte sie Ruth.

»Wieso muss ich mich selbst definieren?«, fragte Bessie.

»Nun, ich bin der Flüchtling, der die alte Geschichte immer wieder erzählt«, sagte ich.

»Und ich«, sagte Hope, »bin diejenige, die nicht eingeladen wird.«

»Nein, diejenige bist du nicht«, sagte Lotte. »Du bist doch beim Ladies' Lunch! Wieso bin ich die einzige Person auf dieser Party, die immer das Gegenteil denkt?«

»Bin ich diejenige, die Dinge anspricht, über die niemand reden will?«, sagte Farah.

»Und du?«, sagte Ruth zu Bridget, »du bist diejenige, die uns gefragt hat, wer wir sind. Was sagst du dazu?«

»Dass es kein ›wer‹ und keine ›diejenige‹ gibt«, sagte Bridget. »Ich glaube, es ist eine blöde Frage.«

8

Ladies' Lunch

Lotte legt Wert darauf, dass ihre Wohnung geräumig ist. Sie gibt gern damit an, dass sie von ihrem Bett aus bis zum Empire State Building schauen kann, vorbei an den zwei Wassertürmen und den architektonischen Spinnereien und Abstrusitäten, die wenigen Menschen über den Dächern von New York auffallen.

Die Pflegerin sitzt auf dem Samtsofa in Lottes Wohnzimmer, von dem man den Schiffsverkehr auf dem Hudson River bis zur George Washington Bridge verfolgen kann, und sieht fern.

»Werd sie los«, sagt Lotte.

Samson spricht leiser, als ob das seine Mutter dazu anregen könnte, auch leise zu sprechen. »Sobald wir einen Ersatz für sie gefunden haben.«

»Und *diesen* werde ich auch loswerden«, sagt Lotte.

»Wir werden weiterhin Einstellungsgespräche führen, bis wir die Richtige gefunden haben«, sagt Sam.

»Die mich ein Butterbrot essen lässt?«

»Mama«, sagt Sam, »Brot verwandelt sich in Zucker, wie du genau weißt.«

»Das ist mir vollkommen Wurst«, sagt Lotte.

»Wenn sie dich zum Frühstück, zu Mittag und am Abend Brot essen lässt, wird sie gefeuert.«

»Gut«, sagt Lotte.

»Sarah«, sagt Sam zur Pflegerin. »Ich bringe meine Mutter zu ihrem Ladies' Lunch. Können Sie sie um 15.30 Uhr abholen?«

»Ist Ihnen das recht?«, fragt Sarah Lotte.

»Nein«, sagt Lotte.

»Wisst ihr noch, dass wir die Menschen auf der Welt sind, die einander ihre Geschichten erzählen?«, fragte Ruth. »Ja, das sind wir. Wenn etwas passiert, denke ich mir: ›Ich erzähle es euch beim nächsten Ladies' Lunch.‹«

»Stimmt genau«, sagte Ilka. »Als ich mich plötzlich auf dem Gehsteig vor meiner Eingangstür auf meinem Hinterteil wiederfand, habe ich mich darauf gefreut, euch davon zu erzählen.«

Es hatte sich herausgestellt, dass Ilka eine neue Hüfte brauchte. Der Chirurg, Dr. Barson, war ein bärtiger Mann, wie eine Figur aus einem Ed-Koren-Cartoon, nur fröhlicher.

»Von jetzt an wird alles besser«, versprach er Ilka.

»Ich bin fünfundachtzig Jahre alt«, sagte Ilka.

»Ich gehe gleich zum Geburtstag von einem zweiundneunzigjährigen Patienten. Den habe ich vor elf Jahren operiert«, sagte Dr. Barson.

»Und *ich*«, sagte Bessie, »habe *dir* die Erfahrungen meines armen Colin geschildert und prophezeit, dass die Rekonvaleszenz nicht so schnell über die Bühne gehen wird, wie dir das Dr. Barson verspricht.« Zu jener Zeit hing es von Colins immer schlechterem Gesundheitszustand und seiner Laune ab, ob Bessie den Zug von Old Rockingham nach Manhattan nehmen konnte.

Heute fand der Lunch bei Bridget statt. »Unser heutiges Thema: Wie vermeidet man das Unvermeidliche«, sagte sie. »Ich spreche von den Szenarien, bei denen wir eher sterben würden, als sie zu erleben.«

»Das alte Problem, wie man seine irdischen Verstrickungen löst«, sagte Farah, eine pensionierte Ärztin.

»Wie man sich in Luft auflöst«, sagte Lotte.

»Du hast doch gesagt, dass du sehen willst, was bis zum Ende alles noch geschieht«, erinnerte Farah Lotte.

»Ich habe nicht mit der 24-Stunden-Pflege oder der herzgesunden Diät gerechnet«, sagte Lotte. »Ihr Ärzte solltet eine Studie durchführen, die untersucht, ob es eine Verbindung zwischen salzfreier Ernährung und Depressionen gibt.«

»Deine Sarah schaut doch sehr nett aus«, sagte Ruth. »Was gefällt dir an ihr nicht?«

»Dass sie in meinem Wohnzimmer sitzt«, sagte Lotte »und fernsieht. Dass sie in meiner Küche ihr Mittagessen im Stehen isst. Dass sie in meinem Gästezimmer schläft und mein Badezimmer benutzt, wenn ich hineinwill.«

»Was brauchst du momentan von ihr? Brauchst du sie, um dich anzuziehen?«

»Nein«, sagte Lotte.

»Brauchst du eine Pflegerin, um dich zu duschen?«

»Nein«, sagte Lotte.

»Bereitet sie dir die Mahlzeiten zu?«

»Um Himmels willen, NEIN!«, rief Lotte.

»Womit brauchst du also Hilfe?«

»Mit der Pflegerin«, sagte Lotte.

»Gehen Sie weg!«, sagte sie zu Sarah, die gekommen war, um sie nach Hause zu bringen. Den vier Frauen stand der Mund offen, als sie sahen, wie ihre Freundin den Arm hochriss und in die Luft schlug.

Sie waren jetzt in einem Alter, wo sie sich Sorgen machten, wenn eine von ihnen nicht ans Telefon ging.

Bessie, Lottes älteste Freundin, kannte Samson schon, seit er ein kleines Kind gewesen war – ein Baby. Sie rief ihn von Connecticut an. »Warum geht die Pflegerin bei Lotte nicht ans Telefon?«

»Die Pflegerin ist weg. Es gab zu viele Misshandlungen.«

»Was? Das gibt's ja nicht! Dabei sah Sarah so nett aus! Wie konnte sie eine alte Frau nur misshandeln?«

»Nein, die *Pflegerin* wurde misshandelt.«

»Was ist geschehen!?«

»Wenn Sarah sich ein Fernsehprogramm ansah, schaltete Mama um. Sie kam in die Küche und packte das Essen weg, das sich Sarah zu Mittag gemacht hatte. Und sie drehte das Licht in dem Zimmer auf, wo Sarah schlief. Es wird immer bizarrer. Nun gut, wir warten gerade auf die neue Pflegerin.«

Bridget, die sich noch immer morgens an ihren Computer setzt und ihre Geschichten schreibt, ging Lotte besuchen.

Bridget, Lotte und Shareen, die neue Pflegerin, saßen zusammen und schauten auf den Riverside Drive.

»Shareen fährt mit ihrem Auto von New Jersey hierher«, sagte Lotte. »Shareen hat einen fünfjährigen Buben, der sich schon selbst die Zähne putzt. Shareen hat ihm gesagt, dass eine Kakerlake in seinem Mund wachsen wird, wenn er sich nicht die Zähne putzt.«

Bessie rief Lotte von Connecticut an. »Wie ist die neue Pflegerin?«, fragte sie.

»Aufdringlich«, sagte Lotte.

Als Farah Lotte anrief, hob Sam das Telefon ab. »Shareen ist weg. Mama hat sie entweder im Badezimmer eingeschlossen oder daraus ausgeschlossen, ich weiß nicht mehr, was genau passiert ist. Aber darum ging es gar nicht. Shareen wollte Mama nicht grob behandeln, als sie löffelweise Zucker aß. Alles gerät außer Kontrolle.«

»Deine Mutter ist zornig«, sagte Farah. »Stell dir vor, du triffst dein Leben lang deine eigenen Entscheidungen, und dann kommt jemand und schreibt dir vor, was du essen musst, wann du duschen sollst und was du anzuziehen hast.«

»Weil ihre eigenen Entscheidungen nicht mehr vernünftig sind«, sagte Sam. »Greg fliegt gerade aus Chicago her.« Gregor war Lottes jüngerer Sohn. »Wir werden uns dieses nette betreute Wohnheim anschauen. Es hört sich wirklich gut an. Erste Sahne.«

»Sam! Du übersiedelst Lotte aus ihrer Wohnung?«

»In ein schönes betreutes Wohnheim auf dem Land.«

»Ein Heim auf dem Land. Hast du das mit Lotte abgesprochen?«

»Ja.«

»Und sie hat zugestimmt?«

»Ja, hat sie. Sie sagte, vielleicht nächstes Jahr. Hör mal«, sagte Sam. »Mama kommt mit der 24-Stunden-Pflege nicht zurecht. Und ich glaubte wirklich NICHT, dass sie zu mir und Diana ziehen will.«

Bridget rief Sam an. »Was höre ich da von einem Heim, in das ihr Lotte bringen wollt?«

»Es heißt ›Green Trees‹ und befindet sich im Hudson Valley. Mein Bruder wird mir dabei helfen, Mamas Umzug zu organisieren und die Dinge, an denen sie hängt – das berühmte Samtsofa – ins Heim zu bringen.«

»Wird sie eine eigene Wohnung haben?«

»Eine Einraumwohnung, praktisch, mit einem eigenen Badezimmer und einer Frühstücksnische.«

»Einer Frühstücksnische«, sagte Bridget. »Was sieht sie von ihrem Fenster aus?«

»Auf den Hudson kann man leider nur von der anderen Seite des Gebäudes sehen. Aber es gibt Bäume. Sie schaut auf einen kleinen Parkplatz mit sehr viel Grün. Hör mal, ich weiß, dass Mama lieber in Manhattan wohnen würde, was für mich und Diana wirklich viel angenehmer wäre, weil wir sie einfacher besuchen könnten. Aber wer kann sich schon etwas Nettes in der Stadt leisten?«

»Es ist nur so, dass niemand von *uns* mehr Auto fährt. Wie können *wir* Lotte besuchen?«

»Einer der Vorteile des Heims ist, dass sie ständig Menschen um sich hat.«

»Menschen, mit denen Lotte reden kann?«

»Ich habe noch nie erlebt, dass man sich mit jemandem nicht unterhalten könnte.«

»Wirklich?«, fragte Bridget.

»Und sie bekommt drei anständige Mahlzeiten, ob sie das nun will oder nicht.«

Gott im Himmel. Arme Lotte, dachte Bridget. *Und armer Sam.*

»Ich weiß, dass du mit der Situation auch nicht glücklich bist«, sagte sie zu ihm.

Ruth, die alte Aktivistin, meinte: »Ich habe eine Idee. Lasst mich mit Samson sprechen.«

»Hast du den Vertrag mit dem betreuten Wohnheim im Hudson Valley schon unterschrieben?«, fragte sie ihn.

»Greg und ich fahren am Donnerstag hin.«

»Kannst du uns ein paar Tage Zeit geben, damit wir uns etwas ausdenken?«, fragte Ruth.

»Bitte glaub mir doch. Da lässt sich nichts mehr machen. Aber ... na ja, okay. Aber ich muss sie und ihre Sachen ins Heim bringen, bevor Greg wieder nach Chicago zurückfliegt.«

»Könnte Lotte allein leben, wenn ...?«, fragte Ruth.

»Absolut nicht.«

»Sam, hör mir mal einen Augenblick zu. Könnte Lotte allein leben, wenn wir vier – wir drei, wenn Bessie nicht in die Stadt kommt – uns dabei abwechseln, bei Lotte nachzuschauen, ob alles in Ordnung ist und ob sie etwas braucht ...«

»Mama würde Zucker auf ihr Butterbrot streuen.«

»Das klingt köstlich«, sagte Ruth.

»Sie würde sich niemals umziehen.«

»Wahrscheinlich nicht.«

»Sie würde nur einmal in der Woche duschen. Nein, sie würde überhaupt nicht duschen.«

»Sam, na *und*?«

»Nicht, solange ich mich um sie kümmere«, sagte Sam. »Es muss alles seine Ordnung haben.«

»Nein, muss es nicht. Warum muss alles seine Ordnung haben?«

»Als Mama einmal ihre Pillen vertauscht hat, mussten Greg und ich sie in die Notaufnahme bringen. Sie hätte sterben können.«

»Ja, hätte sie. Deine Mutter wäre in ihrem eigenen Bett mit Blick auf das Empire State Building und die

George Washington Bridge gestorben. Sam, wir werden zu ihr raufgehen und auf sie aufpassen. Lass es uns ein paar Tage lang versuchen.«

»Und was ist, wenn sie wieder hinfällt?«

»Dann fällt sie hin! Sam, ich werde heute Nacht bei ihr schlafen.«

Ruth schlief bei Lotte, und Lotte fiel auf dem Weg vom Bett ins Badezimmer hin. Ruth rief Sam an, und Sam und Gregor brachten sie in die Notaufnahme.

Samson und Gregor brachten ihre Mutter, das Sofa und das, was aus Lottes großer Wohnung in einen Einzelraum im Hudson Valley passte, nach »Green Trees«, und Greg flog nach Chicago zurück.

Beim nächsten Ladies' Lunch versammelten sich die Freundinnen um Farahs Tisch. Sie wollten Farahs Rettungsplan besprechen.

Sie brachten einander auf den neuesten Stand.

Lotte hatte Farah aus »Green Trees« angerufen. »Ich habe nicht einmal ihre Stimme erkannt. Ich wusste zwar, dass Lotte am Apparat war, aber ihre Stimme klang anders, wie abgewürgt, eine neue, seltsame Stimme.«

»Sie ist wütend«, sagte Bessie.

»Ich kenne diese Stimme«, sagte Bridget. »Sie hat mich auch angerufen. Lotte erinnerte sich daran, wie ich mit ihr und Shareen zusammengesessen habe. Sie möchte, dass ich Shareens Telefonnummer herausfinde. Shareen hat ein Auto. Lotte will, dass Shareen sie in ›Green Trees‹ abholt und sie wieder in ihre Wohnung zurückbringt. Was sicherlich nicht passieren wird.«

»Lotte will, dass wir – sie und ich – gemeinsam ein Auto mieten«, sagte Ruth. »Ich habe ihr gesagt, dass ich meinen Führerschein nicht erneuert habe. Ich glaube nicht, dass ich den Sehtest bestehen würde. ›Kein Problem‹, sagte Lotte. *Sie* wolle fahren.«

»Hat Lotte überhaupt einen Führerschein?«

»Lotte ist schon zehn Jahre nicht mehr Auto gefahren.«

Bessie erzählte ihnen, dass Sam sie angerufen hatte und reif fürs Sanatorium wäre. »Er wollte wissen, ob ich etwas mit Lottes Autokauf zu tun hätte. Welcher *Autokauf*? Und ich? Ich habe mir noch nie im Leben ein Auto gekauft. Lotte ruft anscheinend ständig den Händler an, damit er ihr die Schlüssel schickt. Ich habe Lotte angerufen und sie gefragt: ›Was ist das für eine Geschichte mit dem Auto?‹, ›Es steht unten auf dem Parkplatz‹, sagte Lotte. Ich fragte sie: ›Wie kommst du zu einem Auto?‹ Sie sagte: ›Ich warte auf den digitalen Schlüssel.‹«

Farahs Plan lautete folgendermaßen: Ihr achtzehnjähriger Enkel Hami würde einen Führerschein haben, sobald er die Prüfung bestanden hätte. »Er wird uns hinaus zu ›Green Trees‹ führen, und wir bringen Lotte nach Hause.«

»Da müssen wir uns aber beeilen«, sagte Bessie. »Sam ist gerade damit beschäftigt, Lottes Wohnung zum Verkauf anzubieten.«

»Die Prüfung findet am nächsten Montag statt.«

Hami bestand die Prüfung nicht, und bis zum jetzigen Zeitpunkt ist Lotte noch immer in »Green Trees« im Hudson Valley.

Bridget ruft Lotte an. »Wie geht es dir?«

»Nicht gut.«

»Wie ist das Essen?«

»Salzfrei.«

»Deiner Stimme nach zu schließen, gewöhnst du dich ein *bisschen* an das Leben dort, oder?«

»Kannst du mich abholen und nach Hause bringen?«

»Lotte, wir wissen einfach nicht, wie. Kannst du dich im Moment ein bisschen an die Situation gewöhnen, Lotte? Ja?«

»Ja«, sagte Lotte. »Aber ich muss in meine Wohnung zurück.«

»Hast du jemanden, mit dem du reden kannst?«

»Ja, Alana. Sie sitzt im Speisesaal neben mir. Alana hat vier Enkel, der älteste neunzehn, die Zwillinge dreizehn, und eine Neun- und eine Fünfjährige. Möchtest du wissen, wie sie heißen?«

»Nicht wirklich.«

»Möchtest du wissen, wohin sie alle zur Schule gehen?«

»Lotte …«

»Minnies Enkel heißt Joel. Sein bester Freund heißt Sam, wie mein Sam. Soll ich dir erzählen, auf welche Uni Sam und Joel gehen wollen?«

»Lotte …«

»Lucy, die Enkelin von Minnies Schwester, denkt daran, ein Jahr Pause einzulegen, bevor sie aufs Williams College geht …«

»*Lotte* …!«

»Alana und Minnie sind nicht die Menschen, denen ich erzähle, dass ich gestorben bin«, sagt Lotte. »Ich habe lang darüber nachgedacht, ob ich es Sam erzählen soll, aber er hat es gut aufgenommen. Wirklich gut.«

»Du meinst, dass du dich so *fühlst*, als ob …«, Bridget zögert zwischen »als ob du gestorben wärst« und »als ob du tot wärst«.

»Nein«, sagt Lotte. »Ich *bin* tot. Wenn ich Dr. Barson oder irgendeinen anderen Arzt sehen würde, würden sie mir in den Hals schauen und die vier gelben Punkte sehen, die tote Menschen haben. Wenn du die Geschichte aufschreibst, stellt sich die Frage, ob ich nun, da ich tot bin, noch einmal sterben kann, ein zweites Mal, oder ob mein Zustand einfach so bleibt.«

»Lotte, möchtest du, dass ich diese Geschichte aufschreibe?«

»Du hast bereits darüber geschrieben, wie ich Sarah und Shareen losgeworden bin«, sagte Lotte. »Und über die Kakerlake, die im Mund von Shareens fünfjährigem Sohn wuchs, und dass Sam und Greg mich in die Pampa verfrachtet haben.«

»Lotte«, sagt Bridget. »Wir sind dabei, uns zu mobilisieren. Wir versuchen herauszufinden, wie wir dich besuchen können.«

»Ach, das ist sehr, sehr gut!«, sagt Lotte. »Gebt mir früh genug Bescheid, sodass ich einen Ladies' Lunch im Speisesaal von ›Green Trees‹ reservieren kann, und ich werde euch erzählen, wie ich mich am letzten Freitag auf mein Sofa gelegt habe und wusste, dass ich sterben würde, und gestorben bin.«

Sam hatte sich letzten Monat zweimal freigenommen, um seine Mutter zu besuchen. Es kommt ihm so vor, als ob sie sich eingelebt hat. »Wenn sie sagt, dass sie gestorben ist, dann heißt das, dass ihr altes Leben in New York zu Ende gegangen ist, damit sie ein neues in ›Green Trees‹ beginnen kann.«

»Sam, glaubst du wirklich, dass sie das so meint?«, fragt ihn Ruth.

»Was sonst?«

»Lotte ruft uns nicht mehr an«, sagt Ruth.

»Weiß ich«, sagt Sam. »Sie ruft mich auch nicht mehr an, und sie ruft Diana nicht mehr zurück.«

»Sie geht nicht mehr ans Telefon.«

»Ja, weiß ich«, sagte Sam.

Bessie kommt aus Old Rockingham kaum mehr weg. Colin geht es immer schlechter. Die arme Bridget erschien nicht zum letzten Ladies' Lunch, weil sie eine ihrer häufigen, fürchterlichen Migränen hatte. Sie wolle jedoch mitkommen, wenn Ruth und Farah herausfänden, wie sie Lotte besuchen könnten.

Als Sam das letzte Mal nach »Green Trees« fuhr, kamen die Ladies auf die Idee, mit ihm mitzufahren, aber aus dem Plan wurde nichts, da Lotte Farah nicht zurückgerufen hatte. »Und dann habe *ich* vergessen, *sie* anzurufen«, sagt Ruth. »Auf jeden Fall hätte ich nicht genug Zeit gehabt, um meinen Arztbesuch zu verschieben.«

Hami hat seine Führerscheinprüfung bestanden und ist mit seinem kleinen neuen Gebrauchtwagen zur Universität in Purchase gefahren, um sein Studium zu beginnen.

Farah, Ruth und Bridget (falls es ihre Zeit erlaubt) wollen noch immer herausfinden, wann sie Lotte mit dem Auto besuchen können. Vielleicht im Frühling, wenn das Wetter besser ist.

9

Ohne Zähne, ohne Geschmack

Bessie hatte Farah angerufen, um ihr zu sagen, dass sie es heute vielleicht nicht zum Ladies' Lunch schaffen würde.

»Geht es Colin schlechter?«, fragte sie Farah. Bessies Freundinnen konnten nicht viel anfangen mit dem einzigen noch lebenden Ehemann, einem Menschen mit großen Besitztümern. An jenem Morgen aber hatten Farah und Bessie am Telefon gemeinsam geweint, weil sein Leiden unerträglich war.

Aber dann war Bessie doch gekommen – und sogar zu früh. »Arme alte Farah!«, sagte sie. »Du bist als Ärztin schon im Ruhestand, aber wir fragen dich noch immer Löcher in den Bauch! An wen könnten wir uns denn sonst wenden? Farah! Gibt es einen Ausweg?«

»Ach«, sagte Farah. »*Dulden muss der Mensch sein Scheiden aus der Welt wie seine Ankunft.*«

»Gibt es einen Ausweg?«

»Hat Colin dir etwas angedeutet?«

»Er hat keine Patientenverfügung unterschrieben, aber er will das Unerträgliche auch nicht ertragen.«

Farah machte die Schublade neben sich auf und nahm ein Dokument heraus, in dem die Bestimmungen für ihr Lebensende festgehalten waren. »Ich habe mir das kürzlich durchgelesen. Wenn du mich fragst, werde ich dir sagen, was man wissen muss. Bessie, die Sache wird einem absichtlich nicht leicht gemacht. ... Man kann in die Schweiz fahren, wo es erlaubt und teuer ist. Man kann nach New Jersey ziehen, aber man muss beweisen, dass man nur mehr sechs Monate zu leben hat. Oder man kann zu essen und trinken aufhören ...«

In dem Moment klingelte es an der Tür, und Bessie sagte: »Farah, ich möchte die anderen nicht damit belasten, bis es nicht wirklich notwendig ist.«

»Weiß ich doch«, sagte Farah, und dann kam Ruth zur Tür herein, gefolgt von Ilka und Bridget, die Folgendes zu sagen hatte: »Meine Damen, heute vor fünf Jahren hat Lotte ihren neunzigsten Geburtstag gefeiert. Damals hat sie uns daran erinnert, dass sie uns aus diesem Lebensabschnitt regelmäßig Berichte schicken würde.«

»Und du, Bessie, hast damals deine Hand vor deine Augen gehalten und gesagt: ›Ich verstehe nicht, dass du darüber öffentlich reden kannst.‹«

Sie lachten. Dann waren sie für eine längere Weile still. Sie hatten zusehen müssen, wie ihre humorvolle Freundin sich in eine zornige alte Person verwandelte, die ihre Pflegerin schlecht behandelte. Lotte handelte irrational – oder war es rational, wenn sie sich mit ihren zwei Söhnen stritt, die sie in einem gut geführten betreuten Wohnheim in der Provinz untergebracht hatten? Lotte war nicht schon etwas durcheinander, hörte aber dennoch nicht damit auf, Komplotte zu schmieden, wie sie selbst im Auto nach Hause fahren könnte. Und dann starb sie.

Als sich alle hingesetzt und bedient hatten, sagte Farah: »Darf ich euch an die Zwanzig-Minuten-Regel erinnern: So lang dürfen wir über unsere Wehweh-chen, Beschwerden und Medikamente reden. Dann wenden wir uns dem heutigen Thema zu. Wir müssen immer ein Thema haben.«

»Schaut alle her«, sagte Ruth. »Ich habe einen Vor-derzahn verloren, und die Zähne in meinem Unter-kiefer wackeln.«

»Ich habe gedacht, dass alles in Ordnung ist, als ich mit meiner neuen Hüfte nach Hause gekommen bin«, sagte Ilka. »Ich habe nicht daran gedacht, dass ich ein rechtes Knie habe, das auch operiert werden muss.«

»Ich brauche einen neuen Kopf«, sagte Bridget. »Ich war auf einer Lesung, und dann kam der Mo-ment, in dem ich weiterlas, ohne zu wissen, worum es in meiner Geschichte ging.«

»Vielleicht liegt es ja an meinen Zähnen, aber ich habe aufgehört zu essen«, sagte Ruth. »Es ist schwer, Lebensmittel einzukaufen, wenn man sich nicht vor-stellen kann, sie in den Mund zu schieben und zu kauen.«

»Ich habe meine Patienten immer zu einer guten Ernährungsberaterin geschickt«, sagte Farah. »Ruth, erinnere mich daran, dass ich dir Johannas Nummer gebe, bevor du gehst.« Und dann sagte sie: »Mein Augenarzt sagt mir, dass ich langsam erblinde.«

»Was meinst du mit *erblinden*?«, fragte Bessie. »Du kannst doch noch lesen.«

»Und schreiben«, sagte Bridget.

»Du siehst uns, Farah«, sagte Ilka. »Was siehst du, wenn du uns anschaust?«

»Ich kann lesen, ich kann schreiben, und ich sehe euch jeden Tag ein bisschen weniger«, sagte Farah, worauf Ilka fragte: »Das heißt aber nicht, dass du heute weniger siehst als gestern?«

Das hatte Farah tatsächlich gemeint. Die Angst ihrer Freundinnen gab ihr zu verstehen, dass sie nicht etwas meinen sollte, das sie nicht wissen wollten. Da sie die Wahrscheinlichkeit oder Möglichkeit, dass sie erblinden würde, gut abschätzen konnte, hatte sie das Dokument mit den Bestimmungen für ihr Lebensende zur Hand genommen, solange sie noch sehen und alle Vorkehrungen selbst treffen konnte. Sie wollte ihre Töchter darauf vorbereiten, weil sie deren Zustimmung und Hilfe brauchte, wenn sie zu essen aufhören wollte. Es tat ihr leid, dass sie – wie Bessie das ausgedrückt hatte – die Freundinnen damit belastet hatte.

Sie legte das Dokument in die Schublade zurück und sagte: »Zwanzig Minuten sind vorbei. Was ist unser heutiges Thema?«

Farah erinnerte sich daran, dass sie Ruth die Nummer der Ernährungsberaterin geben wollte. »Ruf sie an. Sie ist sehr gut. Nächster Lunch bei dir?«

Nachdem sie die Tür hinter den Freundinnen geschlossen hatte, überraschte Farah sich selbst, als sie Johanna anrief. »Hier spricht Farah. Ja! Ist schon lang her. Wie es mir geht? ›Gut genug‹ ist meine Patentantwort, außer dass ich null Appetit habe. Hast du irgendwelche Ideen?«

Weitere Erzählungen

Löwenzahn

Dass Henry James im Alter sein Frühwerk umschrieb, war mein Vorwand, mit neunzig eine meiner Geschichten zu überarbeiten, die ich vor siebzig Jahren geschrieben hatte. Ich war zehn Jahre alt, als ich Österreich verlassen musste. Den Tag mit meinem Vater in den Alpen muss ich während unseres letzten Familienurlaubs im August erlebt haben.

Ich wollte, dass Mutti mitkam, aber sie war mit einer ihrer Migränen aufgewacht. Ich stand vor dem Hotel im Gras und machte mir beim Warten die Schuhe mit dem Tau nass. Mir fehlte es an nichts. »Licht klingelte unter den Bäumen« und »Die Grashalme schimmerten wie Schwerter« heißt es in meiner Geschichte. Es ist seltsam, wie Sprache nach Vergleichen verlangt. »Wie« ist etwas? Der Himmel war »wie flüssiges Licht«, schrieb ich. »Flüssig« kommt dem Bild nah, aber es ist nicht das richtige Wort. »Der Bergrücken sah aus wie eine Skulptur. Man konnte den weiten Fußweg in den Fingerspitzen fühlen. Zwischen dem Berg und mir hielt der Talkessel das Licht wie einen Nebel.« Wieso war das Licht »wie ein Nebel«, der die Umwelt ja verdeckt? Ich erinnere mich an etwas Weißes und Kühles. Ein Hund bellte und bellte, und die reine Luft trug den Laut bis zu der Stelle, an der ich stand und wartete.

Auf der Straße vor dem Garten des Hotels ging eine Gruppe von Wanderern schweigend vorbei. Sie schritten gleichmäßig dahin, wie man es tut, wenn man eine ganztägige Tour vor sich hat. Es war eine Gruppe junger Leute. Ich schaute ihnen nach. In diesem Moment ging die Sonne über dem Berg auf – ein plötzliches, ungehemmtes Feuer. Es umriss den Rücken der jungen Menschen mit einem leicht pelzigen Heiligenschein. Hier im Garten verklärte das Licht den silbernen Löwenzahn wild und zärtlich. In mir erwachte ein Gedanke – neu und unausweichlich –, und ich sagte: »Lieber Gott, wenn ich dich jemals um etwas bitte, musst du mich nicht erhören, denn nichts anderes ist notwendig als *das*.« Ich wusste, dass das stimmte, denn ich empfand ein tiefes Glücksgefühl, und dann rief mich mein Vater, und wir gingen aus dem Garten die Straße hinauf.

Mein Vati war ein großer Mann und frohen Mutes. Die Wiener Banken schlossen im August. In den Bergen trug mein Vater seine Knickerbocker und einen Tiroler Hut mit einer Feder. In seiner Tasche hatte er ein Buch, in dem er am Wegesrand die Namen von Blumen, Bäumen und Vögeln nachschlug. Beim Aufstieg zeigte er durch die Fichten auf das Dorf, das sich immer weiter von uns entfernte. Vati wollte die Alm bis zwölf Uhr erreichen, damit wir auf der Hütte zu Mittag essen konnten. Ob ich wüsste, was eine Alm ist, fragte er mich. Es war eine Wiese hoch oben in den Bergen, wo die Senner ihre Kuhherden aus dem Tal hinaufbrachten, damit sie den ganzen Sommer lang das saftige Almgras fressen konnten. Ich war jedoch der weltberühmte Eislaufstar Lucinda in seinem Samtröckchen, das sich drehte, als ich meine weltberühmte Pirouette machte. Ich hatte keine Zeit, mir anzuhören, was mein Vater mir erklärte.

Der Himmel war so blau! Er war am blausten, wenn ich mich auf die Seite legte und durch die Gräser schaute, die bei meiner Wange wuchsen. Ich schaute einer Spinne zu, wie sie einen Grashalm hochkroch, der sich unter ihrem Gewicht bog.

Ich setzte mich auf. Da kamen Leute des Weges, zwei Männer – junge Männer –, die gemeinsam wanderten. Der eine sprach mit seinen Händen. Der andere hatte seinen Blick auf den Weg gerichtet, auf den Boden hinunter, er hob den Kopf und sagte etwas, das den ersten laut auflachen ließ. Ich beobachtete sie. Sie verlangsamten ihren Schritt, um zu den Leuten zurückzuschauen, die hinter ihnen nachkamen. Eines der Mädchen rief ihnen fröhlich zu, und die beiden Gruppen schlossen sich zusammen. Genau das wollte ich machen, wenn ich größer wäre – mit Freunden wandern, plaudern und lachen.

Ich schaute ihnen mit geschärftem Interesse nach. »Vati, weißt du was? Ich glaube, das sind die Leute, die ich heute in der Früh auf der Straße gesehen hab, wie ich auf dich gewartet hab. Vati, glaubst du, das sind dieselben Leute?«

Vati war eingeschlafen. Es kam selten vor, dass ich einen Erwachsenen schlafen sah, und es machte mir Eindruck. Vatis Schuhe waren zum Himmel gerichtet. An der Stelle, wo sich seine Hose verschoben hatte, kam ein Stück Bein über dem Socken zum Vorschein, und ich schaute weg.

Wir setzten unseren Aufstieg fort. Es war heiß und wurde immer heißer. Der Weg wurde schwieriger und steiler, und bald glaubte ich, dass ich meinen Fuß beim nächsten Schritt und dem nächsten und dem nächsten nicht mehr würde heben können, bis wir mehrere Stunden später oben sein würden.

Als ich viele Jahre später nach der Geburt meines ersten Babys im Halbdunkeln lag – ich konnte sehen, wo *sie* eingewickelt lag, *sie* weinte nicht, und alles war gut –, erinnerte ich mich daran, wie ich mich schließlich unter einen Baum in den Schatten setzte, völlig erschöpft, und ein- und ausatmete.

Wenn man die Spitze eines Berges erreicht, blickt man auf eine neue Welt, von deren Existenz man noch einen Moment zuvor nichts gewusst hat. Bergzug um Bergzug verblasst blau in der Entfernung. Hier erhebt sich ein Gipfel und ein zweiter und ein dritter, und es wird einem vertrauter, wie sie unter dem blauen Himmel aufgefädelt dastehen. Auf der weiten grünen Wiese stehen die Kühe oder machen einen Schritt nach links und einen nach rechts. Wenn sie ihren langsamen Kopf senken, um das Gras zu kauen, läutet die sanfte Glocke um ihren Hals.

Meine jungen Leute saßen an einem langen Bauerntisch in der Almhütte. Der Senner, der bei ihnen saß, hatte eine Pfeife zwischen den Zähnen. Sein brummiges Reden wurde nur vom Geplapper und Lachen der jungen Leute unterbrochen und drang bis zu Vati und mir an den Tisch. Es war eine Mahlzeit, an die ich noch immer denke und die mir niemals so gelungen ist: Kaiserschmarren mit Heidelbeeren. In den Alpen wachsen sie in Bodennähe, und sie sind süßer und würziger als die amerikanischen. Dazu trank ich ein Glas frische Kuhmilch.

Ich aß meinen Kaiserschmarren und beobachtete die jungen Leute. Die Mädchen waren hübsch und unterhielten sich. Die Burschen waren groß und dünn. Ich konnte ihre Knie sehen. Mir gefiel es, wie sie sich gegenseitig auf den Rücken klopften und Pfeffer in die Suppe streuten und wie gut sie sich verstanden. Ich wollte über sie reden und fragte Vati, wer sie waren und wohin sie gingen, aber er deutete mir an, ruhig zu sein. Als Stadtmensch interessierte er sich für Leute, die in den Alpen lebten. Er wollte hören, was der Senner sagte.

Dann kam Bewegung in die Runde. Das Mittagessen war zu Ende. Die jungen Leute machten sich zum Aufbruch bereit. Vati und ich folgten ihnen aus der kühlen, dunklen Hütte in das brütende Mittagslicht. Einer der Burschen, der mit den gelben Haaren, stand bei der Tür und zog die Riemen seines Rucksacks stramm. Vati interessierte sich auch für junge Menschen und befragte ihn über seine Freunde und deren Pläne. Ich lehnte mich gegen das Bein meines Vaters, hörte mir die freundlichen Antworten des Burschen an und dachte mir, dass es im Leben kein größeres Glück geben könne. Vati wurde an seine eigenen Jugendtouren erinnert und erzählte eine Anekdote. Es war heiß. Ich blinzelte in die gleißende Helligkeit, in der sich der Kopf des blonden Burschen unter den kleinen Hitzewellen dehnte und zusammenzog. Vatis Stimme dröhnte über meinem Kopf. Er wollte genau beschreiben, wie eine kegelförmige Felsformation aussah, die man zu besteigen versucht hatte. Er beschrieb das Scheitern dieses Versuches, das er, Vati, vorausgesagt hatte. Ich schaute dem Burschen dabei zu, wie er nervös mit dem Ende des Riemens spielte, und ich sagte: »Vati!« Ich sah die Augen des Burschen heimlich zu seinen Freunden wandern, die weiter vorne am Weg auf ihn warteten, und sagte: »Vati, gehen wir schon!« Vati erzählte dem Burschen, welche witzige Bemerkung er damals über jenen Versuch und Misserfolg gemacht hatte, und verfiel in ein schallendes Lachen, als er sich alles wieder genau ins Gedächtnis rief. Der blonde Bursche gackerte dumm. Ich sah, wie dumm der Bursche aussah und zog an Vatis Ärmel. »*Gemma*!« Der Bursche entschuldigte sich. Ihm wurde die Hand lang und herzlich geschüttelt, und er stürzte in die Freiheit. Seine Freunde begrüßten ihn mit einem Gelächter und einer Runde Applaus.

Mein Gesicht brannte, und ich drehte mich nach den jungen Leuten nicht mehr um, und sie gingen weiter, und Vati und ich machten uns auf den Heimweg.

Das intensive Mittagslicht hatte die Farbe aus allen Dingen herausgebrannt und sie abgetötet. Ich war böse auf den Burschen, der Vatis Geschichte nicht hören wollte und von Vati wegwollte. Ich hasste die jungen Leute, die in die Hände geklatscht und gelacht hatten. Mein Vater ging frohgemut den Weg entlang, und er tat mir leid, weil ich ihm nicht zuhören wollte, wenn er mir etwas erklärte. Mir waren diese Verstimmtheit und Reue zuwider, denn ich fühlte mich nicht mehr wohl und konnte nicht mehr Lucinda, der weltberühmte Eislaufstar, sein.

Und ich fing an zu raunzen. Ich sei müde, sagte ich. Da war ein Stein in meinem Schuh, und ich wollte meine Jacke nicht tragen. Vati hörte zu jodeln auf und schaute mich an. Da war kein Stein. Vati steckte die Jacke in seinen Rucksack. Ich rieb meine rechte Schläfe mit meinem rechten Handrücken und sagte, dass ich nach Hause wollte. Wir *gingen* doch nach Hause, sagte Vati, wir waren auf dem Weg nach Hause, aber ich meinte, *jetzt.* »Wir sind bald zu Hause. Wir sind fast schon da, in ein paar Stunden.« Er schlug vor, dass er mir die Geschichte von Rikki-Tikki-Tavi und dem Streit zwischen dem Mungo und der Schlange erzähle, aber er hatte sie mir schon erzählt. »Wie wär's mit einem Eis, wenn wir nach Hause kommen?« So verstand ich, dass mein Vater nicht wusste, was er mit mir anfangen sollte, wenn ich so war, und ich fürchtete mich. Ich wusste, dies war Gottes Antwort, denn hatte ich ihm am Morgen nicht gesagt, »wenn ich dich um etwas bitte, musst du mich nicht erhören, denn nichts anderes ist notwendig als *das*«.

Die Sonne war weg, alles Licht aufgesaugt von den violetten Bergketten, die sich rings um uns aufstellten. Kein Lichtspiel, keine Bewegung außer unserem panikartigen Abstieg. Mein Vater hielt mich am Handgelenk und zog mich hinunter, sodass die Steine unter unseren Füßen wegrollten.

Wiedergutmachen

Rabbi Rosen mochte Kreise. Sie schoben ihre Stühle zusammen, und Gretel meldete sich freiwillig als Erste: »Ich heiße Gretel Mindel. Sie heißen Margot Groszbart. Sie sind der Rabbi Rosen ...«

Der Rabbi sagte: »Wie wär's mit Gretel, Margot und Sam? Es ist schwer genug, sich zwölf Vornamen zu merken, nicht wahr?«

Gretel begann von Neuem. »Ich heiße Gretel, Sie heißen Margot, Rabbi Sam, Bob und Ruth. Erich. Steffi. Und Sie heißen ...?«

»Konrad Hohenstauf«, murmelte der älteste unter den zehn Besuchern aus Wien. Er war ein eleganter, gebrechlicher Österreicher, etwas zittrig, so als ob er gerade eine schwere Krankheit überstanden hätte. Er hatte eine hohe, schmale Nase – einen Alpenrücken von Nase, dachte Margot Groszbart, eine der zehn in Wien geborenen New Yorker. Margot sagte gern, dass das Einzige, was sie vermisste, die Berge waren.

Konrad Hohenstaufs papierene braune Lippen teilten sich nur widerwillig: »Gretel. Margot. Rabbi Sam. Bob und Ruth. Erich. Steffi. Pater Sebastian. Und wie heißen Sie?« Er schaute vorbei an Shoshannah

Goldberg, die schwer anzuschauen war. Obwohl es schwer war, Shoshannah anzuschauen, war es auch unmöglich, sie nicht anzuschauen und herausfinden zu wollen, was mit ihrem Körperbau nicht stimmte. Das linke Auge war nach innen gerichtet, das rechte Bein verkürzt und die Schulter eingefroren.

Shoshannah Goldberg vergaß den Namen des vergessenswerten Erich Radezki, und Erich kam nur bis zu Fritz Cohn mit dem Kaiser-Franz-Joseph-Bart. Gretel Mindel war die Erste, die sich an alle Namen erinnerte und den Kreis schloss.

Rabbi Sam lud alle ein, ihre Meinung zu sagen. »Gibt es Fragen? Anregungen, die Sie der Runde mitteilen wollen?«

»Ja, ich hab eine Frage«, sagte Gretel Mindel enthusiastisch. »Heute in der Früh bin ich in dieses Zimmer gekommen und habe überrascht festgestellt, dass ich glaubte, dass ihr alle ...«, und Gretel Mindel sagte natürlich nicht »Juden ...«, stattdessen sagte sie: »... aus New York euch kennen müsstet. Es hat mich überrascht, dass ich das glaubte.« Gretel hatte das Wort anscheinend an Margot Groszbart gerichtet. Während des ersten amerikanischen Frühstücks, bei Zuckerdonuts und schlechtem Kaffee, konnte Gretel nicht nah genug an die ältere Pianistin herankommen, die sie einmal von den hinteren Reihen des Wiener Konzerthauses aus gesehen hatte. Von der anderen Seite des New Yorker Zimmers sah es so aus, als ob Margot Groszbart noch sehr viel ihres schwarzen

Haares behalten hatte. Ihre Augen hatten einen wachen Blick. Sie fielen kurz und ohne besonderes Interesse auf Gretel Mindel, bevor sie weiter im Zimmer umherschweiften. Gretel begriff, dass sie auf die ältere jüdische Musikerin keinen Eindruck gemacht hatte.

Margot Groszbart hatte sich selbst auch überrascht. Nachdem sie Rabbi Rosens wiederholter und speziell an sie gerichteter Einladung nicht gefolgt war, am »Bridge Building Workshop« teilzunehmen, fand sie sich eines Tages am Telefon wieder, um den Besuch bei ihrer Tochter in Los Angeles zu verschieben. »Ich dachte, dass Rabbi Rosen nicht dein Fall ist«, sagte Rachel. »Weiß ich, aber es klingt interessant – zehn von uns sitzen mit zehn von ihnen in einem Zimmer. Im Gegensatz zu deiner *Schwiegermutter* aus Brooklyn laufe ich nicht mit einem chronischen Holocaust-Zorn herum.« »Warum eigentlich nicht?«, fragte Rachel. »Keine Ahnung«, sagte ihre Mutter. »Ich habe das chronische Zorn-Gen deiner *Schwiegermutter* nicht.« Rachel, eine einfühlsame Seele, stellte ihrer Mutter bewusst keine Fragen zu ihrem chronischen Zorn auf ihre Schwiegermutter. »Dann komm die Woche darauf und erzähl uns, wie es gelaufen ist«, sagte sie nur.

Und jetzt saß Margot Groszbart an jenem Montag um acht Uhr früh im fensterlosen Kellersaal des Untergeschosses von Rabbi Samuel Rosens Reformsynagoge. Der Klappstuhl aus Metall erwärmte ihr

Hinterteil nicht gerade. Das Pianino in der Ecke hatte den fröhlichen und etwas liederlichen Anstrich eines Nachtclubklaviers. Hier würde sie die nächsten fünf Tage sitzen, um mit den Kindern und den Kindeskindern der Hitlergeneration Brücken zu bauen.

Rabbi Sam gefiel, was Gretel gesagt hatte. »Ist das nicht der Grund, *warum* wir heute hier sind? Um einander und uns selbst zu erzählen, was wir über einander – unbewusst – denken?«

»Was ist uns nicht bewusst?«, fragte Ruth Schapiro. Als sie vorhin beim Frühstückskaffee zusammengesessen sind, war es Margot vorgekommen, als ob sie diese kleine alte Frau schon immer gekannt hatte. Ruth hatte zierliche Fußknöchel und trug ein adrettes blaues Kostüm. Ihre Haare waren schön frisiert und in einem Rot gefärbt, das von Jahr zu Jahr röter wird. Bob Schapiro schaute seine Frau an, und sie sagte: »Wir wissen, was wir denken.«

»Und werden Sie es uns sagen?«, fragte Rabbi Sam. Bob Schapiro schaute Rabbi Sam an, und seine Frau sagte: »Die sechs Millionen.«

Konrad Hohenstauf schaute seine Schuhe an. Er erhob seine spitzen, zitternden Finger, um seinen Mund zu bedecken, der sich wieder geöffnet haben musste, weil Pater Sebastian Pechter zu seiner Rechten und Shoshannah Goldberg zu seiner Linken ihn murmeln hörten: »Was habe ich getan! Ach, was habe ich getan …«

Um die daraus entstandene Pause zu füllen, sagte Margot Groszbart: »Ich habe eine Frage. Wieso sprecht ihr alle so gut Englisch?« Die Österreicher widersprachen ihr. »Nun, ihr könnt sagen, was ihr sagen wollt.«

Margot hatte den Versuch aufgegeben, ihr verrostetes Kinderdeutsch zu reaktivieren, zuerst im Gespräch mit dem pausbäckigen Erich, dann mit dem Priester, der gebeugt vor ihr stand, so als ob er sich vor ihr verneigen wollte. Keiner der jungen Männer wollte die Gelegenheit versäumen, Englisch zu üben. »Wieso konnte ich meine amerikanische Tochter nie dazu bringen, Deutsch zu lernen?«, sagte Margot.

»Wieso wollen Sie, dass sie Deutsch lernt?«, fragte Ruth Schapiro.

Rabbi Sam war Meister seiner eigenen sokratischen Methode: Wenn die Überlegungen, um die er alle gebeten hatte, vom Thema abwichen, kannte er eine Übung, die dieses wieder aufgriff. Er bat die Runde, darüber nachzudenken, was sie mit ihrem Geburtsnamen assoziierten. Das taten sie auch, bis der Lieferant mit einer großen Kiste mit Coca-Cola-Flaschen und dem koscheren Mittagessen zur Tür hereinkam.

Der Kreis ist keine natürliche Konstellation für ein Zimmer voller Fremder. Die jungen Österreicher – Erich, Steffi und Gretel – gingen auf die Straße, um die Umgebung zu erkunden. Rabbi Sam musste Geschäftliches für die Synagoge erledigen und lud Pater

Sebastian ein, ihn zu begleiten. Die anderen verteilten sich in dem hässlichen Raum und vermieden es, einander in die Augen zu schauen. Die älteren Leute – Österreicher und Juden – setzten sich auf die Sessel um die kleinen Tische, die der Rabbi für das spätere »Brückenbauen« vorgesehen hatte. An einem dieser Tische teilten sich Bob und Ruth Schapiro kameradschaftlich und wortlos ihr Mittagessen. Margot stellte sich vor, dass sie das ihr Leben lang in der Früh, mittags und abends gemacht hatten. Margot war seit Jahrzehnten verwitwet. An einem anderen Tisch stützte Konrad Hohenstauf sein Kinn auf den Knauf seines Gehstocks und war anscheinend eingeschlafen. Die hübsche, mollige Jenny Birnbaum war die einzige Brückenbauerin, die in der Neuen Welt geboren war. Sie hatte ihren Mantel auf dem Boden ausgebreitet, sich hingelegt und war wirklich eingeschlafen. Fritz Cohn, der Pseudowiener jüdischen Ursprungs, trug kurze Ärmel, hatte einen Bierbauch und einen Backenbart. Er zündete sich eine Pfeife an und ging hin und her.

Die lebenslange tägliche Disziplin der Musikerin erzeugte in Margot ein Schuldgefühl, wenn sie untätig herumsaß. Sie hatte diesem Workshop eine Woche Üben geopfert und fühlte sich verpflichtet, die Zeit zu nutzen, um mit jemandem zu sprechen. Die ungewöhnlich große Österreicherin in dem pflaumenfarbenen Turban saß nah genug, um mit ihr ein Gespräch zu beginnen, aber ihr Rücken war gebeugt und von ihr abgewandt. Es war drückend heiß geworden. Eine Mittagsfaulheit überfiel Margot, sodass sie in ihrem Sessel sitzen blieb.

Im Nachmittagsprogramm ließ Rabbi Sam die Teilnehmer im Kreis herumgehen und über den Namen nachdenken, den sie sich selbst gegeben hätten, wenn sie ihre eigenen Eltern gewesen wären. Konrad Hohenstauf wollte nicht teilnehmen und nahm auch später nicht teil, als sie nach dem Abendessen den folgenden Satz gegen den Uhrzeigersinn zu Ende sprechen sollten: »Als ich in dieses Zimmer kam, dachte ich …«

Am Dienstagmorgen verteilte der Rabbi leere Papierblätter und Ölkreidestifte und sagte: »Denkt nicht darüber nach, zeichnet.«

Gretel Mindel folgte Margot zu einem der kleinen Tische. »Ich habe Sie im Konzerthaus spielen gehört. *Wunderbar.*«

Es ist ein Fehler zu glauben, dass diese Bemerkung zu einem Gespräch führt. Ein einfaches »Danke sehr« leitet das Wort wieder zum Schmeichler zurück, der nichts anderes tun kann als weiter zu schmeicheln. Margot setzte für Gretel Mindel ihr professionelles Lächeln auf. Sie sah Gretels Eifer, fühlte aber selbst keinen.

Die jungen Wiener wussten, wie man sich kleidet. Gretel Mindel war auf ihre eigene Weise eine Schönheit: schwarz in schwarz gekleidet, die Haare betont so gelassen, als ob sie gerade aus dem Bett gestiegen wäre, kein Make-up, um den blassen Teint zu überdecken. Während sie mit dem sexuell unterentwickelten Erich und dem übermäßig korrekten Pater Sebastian sprach, hatte Margot die ihr bekannte Kühle verspürt, die sie jetzt auch gegenüber Gretel Mindel empfand. Margot nahm an, dass *sie* den Österreichern gegenüber eine – ebenso fremdartige – Wärme ausstrahlen musste. Sie lachte kurz auf. Das Mädchen sah sie hoffnungsvoll an.

»I'm looking forward *to getting Rabbi Sam's goat*«, sagte Margot.

»Was heißt das?«

»I'm going to irritate Rabbi Sam by telling him my racial theory based on an incompatibility of body temperatures.«

»Ist das ein Witz?«, fragte Gretel Mindel.

»Ja doch«, sagte Margot und hatte sich wieder einmal selbst überrascht: Warum wollte sie das Interesse dieses österreichischen Mädchens wecken? »Wenn er mich bittet, etwas zu zeichnen, dann könnte er mich genauso gut auffordern, etwas zu sagen. Mein Kopf wird leer«, sagte Margot darauf.

»Ich weiß genau, was Sie meinen!«, rief das Mädchen. »Genauso ist es! Mir geht auch die Fantasie aus.« Gretel Mindel suchte nach etwas Menschlichem und Merkwürdigem, das sie und die ältere jüdische Pianistin vielleicht gemeinsam hatten. Gretel fragte Margot, ob sie beim Betreten des Saales gedacht habe, dass die Wiener eine Gruppe wären. »Hat es Sie überrascht, dass wir nicht einmal wussten, wie wir alle heißen?«

Margot antwortete: »Was ich mir gedacht habe, ist, dass ich nie in ein Zimmer voller neuer Leute gehen kann, ohne dass mir das Herz in die Hose fällt. Ich schaue mich um und denke mir: ›Waren das wirklich die *einzigen* verfügbaren Leute? Meine Leute, und Ihre.‹«

Gretel lachte angeregt. »Und ich schaue mich immer um, ob es einen freien Mann gibt.«

Die beiden Frauen schauten in den Saal, wo der rotbackige Erich und die gestylte Steffi Seite an Seite auf dem Boden saßen und zeichneten. Margot und Gretel erinnerten sich in diesem Moment, dass sie auch ihre Ölkreide in die Hand nehmen sollten.

»In meiner Altersgruppe«, sagte Margot, »gibt es Bob.« Bob Schapiro war ein korpulenter Mann in einem braunen Anzug. Er trug eine Jarmulke.

»Er ist aber nicht frei«, sagte Gretel.

»Na dann«, erwiderte Margot, »gibt es noch immer – wie heißt der Mann, der etwas getan hat, es uns aber nicht verrät?«

»Konrad Hohenstauf«, sagte Gretel. Sie zeichnete eine Weile, ohne etwas zu sagen, und fragte dann: »Darf man Witze machen?«

»Bob und Ruth denken wahrscheinlich, dass es ein Sakrileg ist, aber ich weigere mich, den Holocaust als ein heiliges Ereignis zu betrachten.«

Gretel zeichnete weiter.

Margot wusste nicht, ob sie mit ihrer eigenen Logik einverstanden war und hatte ein unangenehmes Gefühl, auf diese vor der Österreicherin weiter einzugehen. Sie zeichnete einen Zug, der am linken Papierrand begann und am rechten Rand vom Blatt fuhr. Sie machte eine Reihe Fenster. Sie zeichnete in jedes Fenster ein Gesicht.

»Ich habe einen Munch gemacht«, sagte Gretel. Im Vordergrund hatte sie die Rückseite einer lollipopförmigen Figur gezeichnet, der ein weiterer Lollipop in mittlerer Entfernung den Rücken zuwandte. »Aber Rabbi Sam haben sie gern, oder?«, fragte sie.

»Glauben Sie?«, sagte Margot.

Beide schauten in Richtung einer nett anzusehenden Ungereimtheit: Der füllige Rabbi mit seinem dramatischen Grizzlybart saß im Schneidersitz auf dem Boden. Seine heißen, traurigen Augen mit ihren dicken Fleischsäcken starrten auf das Papier vor ihm. Rabbi Sam zeichnete.

»Der schaut so lieb aus«, sagte Gretel. »Finden Sie das nicht auch?«

»Ich nehme nicht an, dass Ihnen das Phänomen eines Rabbis aus den sechziger Jahren etwas sagt?«, fragte Margot.

»Ich wurde 1964 geboren«, sagte Gretel. Dies war auch das Geburtsjahr von Margots Tochter.

»Irgendwo unter dem Haufen Mäntel hinter dem Pianino steckt sicher eine Gitarre.«

Gretel Mindel und Margot Groszbart brachten ihr Mittagessen in den kleinen Gemeinschaftsgarten gegenüber der Synagoge. Es war ein windiger, blauer Tag, gerade warm genug, um draußen zu sitzen. Gretel erzählte Margot, dass ihre Mutter sie in das Konzerthaus mitgenommen hatte, damit sie Margot spielen hörte. Margot aß ihr Sandwich und versuchte nachzurechnen, wie alt Gretels Mutter war und was sie zwischen 1938 und 1945 gemacht haben könnte. Sie fragte Gretel gar nichts. Es besteht eine Schüchternheit – eine Art von Verlegenheit – zwischen der Partei der Mörder und der Partei der Ermordeten.

»Sie haben *Das Wohltemperierte Klavier* gespielt«, sagte Gretel.

»Ja, das stimmt.« Andere Brückenbauer gingen am Gehsteig vorbei.

»Wer ist die Frau mit dem Turban?«, fragte Margot.

»Ich glaube nicht, dass ich sie schon sprechen gehört habe.«

»Peppi Huber. Wir glauben, sie spricht kein Englisch.«

Margot fragte Gretel, wo sie Englisch gelernt hatte.

»Ich habe sechs Monate an der Universität von Texas studiert.«

Sie winkten Konrad, der mit seinem Stock an ihnen vorbeiging, und Shoshannah, die neben ihm hinkte. Shoshannah winkte zurück.

»Wie alt war Konrad wohl im Jahr 1938?«

In einem Magazin beim Zahnarzt hatte Margot gelesen, dass das menschliche Lächeln von fünfzehn verschiedenen Muskeln erzeugt wird. Diese Muskeln mussten in Gretel Mindels Kiefer und um ihren Mund eingefroren sein.

»Meine Mutter hat mir oft erzählt, dass sie die jüngste Jugendführerin in ihrem Bezirk war. Da kommt Rabbi Sam. Wir können zurückgehen.« Mit gerunzelter Stirn fragte Gretel Margot, *warum* sie den Rabbi nicht gernhatte.

»Ich hab ihn doch gern! Wie kann man Rabbi Sam nicht gernhaben? Ich mag nur seine Übungen nicht, die auf Knopfdruck Vertrautheit und Heilung erzeugen sollen.«

»Besser auf Knopfdruck als gar nicht!«, sagte Gretel mit einem bittenden Blick. »Sie und ich sprechen miteinander.«

Arme Gretel. Margot fühlte, dass sie Gretel enttäuschte.

Am Nachmittag gingen sie im Kreis herum und erklärten einander ihre Zeichnungen. Es gibt immer und überall ein wenig Talent und viel fehlendes Talent. Bob Schapiro schaute seine Frau an und sagte: »Ich zeichne nicht.« Auf sein Papier hatte er in schwarzen Blockbuchstaben »12. März 1938«, das Datum von Hitlers Einmarsch in Österreich, geschrieben.

Konrad hatte die Papierhülle von seiner schwarzen Ölkreide entfernt und diese vom obersten bis zum untersten Rand des Blattes gerollt. Diese Schwärze verbarg seine Tat.

Fritz Cohn hatte ein niedliches Paar Lederhosen gezeichnet. »Du kannst den Juden aus Wien vertreiben, aber niemals Wien aus dem Juden«, sagte er.

»Kann man doch«, sagte Ruth Schapiro. Sie hatte einen Davidstern auf einen blau-weiß-blauen Hintergrund gezeichnet.

Shoshannahs Zeichnung bedurfte einer Erklärung. »Es gab keine khakifarbene Ölkreide, aber das da soll ein Soldat sein. Ich weiß nicht, wie man eine knieende Person zeichnet, aber er kniet sich hin, um etwas anzubauen. Ich glaube, er hat vielleicht den Anschluss an seine Kompanie verloren, oder er ist desertiert, oder er hat eine Anstellung auf einem Bauernhof gefunden.«

»Von welcher Armee ist er desertiert?«, fragte Ruth Schapiro.

Das wusste Shoshannah nicht. »Vielleicht hat jemand seine Uniform gestohlen, oder er hat sie eingetauscht.«

»Gehört er zu den Alliierten, oder ist er ein Nazi?«

»Haben wir nicht gewusst. Dieser weiß-rote Fleck ist die blutige Bandage um seinen Kopf. Das im Hintergrund sollen abgebrannte Bauernhöfe sein. Aus den Gewehren kommen Rauchwolken. Wir haben nicht gewusst, ob wir vor oder hinter der Front waren oder ob der Krieg schon aus war und man uns nichts sagt. Vielleicht haben es die Deutschen selbst nicht gewusst. Es hat sich herausgestellt, dass sie mit uns Richtung Süden marschiert sind, und ich erinnere mich, dass sich der Soldat niedergekniet hat, um etwas in die Erde einzusetzen. Seht ihr die grüne Reihe? Na ja, Sam hat uns gesagt, wir sollen etwas zeichnen.«

Bob Schapiro schaute Shoshannah an. »Was hat das mit dem Mord an den sechs Millionen zu tun?«, fragte Ruth.

In diesem Moment sah sich Margot im Saal um. Einige Österreicher starrten auf ihre Schuhe. Einige schauten geradeaus. Konrads Finger bedeckten seinen Mund.

Shoshannahs Zeichnung führte zu einem Nebenkonversationsstrang, der sich durch die verbleibenden vier Tage zog. Shoshannah sagte, dass eine Kopfwunde eine Kopfwunde ist und bleibt. Ruth hielt dagegen, dass man wissen muss, ob es der Kopf eines Soldaten ist, der Juden ermordet oder befreit hat.

»Mein Vater ist an einem Kopfschuss in Russland gestorben«, sagte Erich, aber er sagte es Steffi erst später auf Deutsch, als sie zum Hotel zurückgingen.

Jenny Birnbaum hatte drei Skelette gezeichnet – ihre Großeltern und ihren Onkel mütterlicherseits, der noch als Baby umgekommen war.

Die Österreicher schauten geradeaus vor sich hin.

»Die Gesichter in den Zugfenstern sind die Kinder, die Wien verlassen. Die Figuren im Hintergrund sind die Eltern, die ihnen winken«, fuhr Margot fort.

Gretel Mindel sah betroffen aus. Margot sah es.

»Es stört mich bis heute, dass ich meine Mutter unter den Leuten auf dem Bahnsteig nicht erkannt habe.

Ich weiß nicht, ob ich mir diese Szene einmal pro Jahr oder einmal pro Monat ins Gedächtnis rufe und versuche, Mutti zu finden, die mir winkt, während der Bahnsteig kleiner wird und sich ganz verliert.«

»Haben es Ihre Eltern rausgeschafft?«, fragte Ruth Schapiro Margot.

»Nein. Als man mich einlud, im Konzerthaus aufzutreten, ging ich ins Widerstandsarchiv. Sie hatten die Nummer 987 und 988 von 1030 Menschen, die von Wien am 14. Juni 1942 deportiert wurden. Der Zug sollte nach Izbica fahren, wurde aber nach Trawniki umgeleitet.«

»Bob und ich fahren nicht nach Wien«, sagte Ruth Schapiro.

Die Österreicher schauten geradeaus vor sich hin. Wohin *sollen* sie denn schauen, fragte sich Margot. Was *wollen* wir von ihnen?

Rabbi Sam kam als Letzter dran. »Eine Brücke«, sagten die anderen, »über sehr viel Wasser.«

Am Abend kam die Gitarre zum Vorschein. Rabbi Sam brachte den Österreichern die israelische Nationalhymne haTikwa bei. Sie sangen »Oh, du lieber Augustin«.

»Singen Sie nicht mit?«, fragte Gretel.

»Ich möchte gern, aber mein Mund macht nicht mit.« Margots Mund wollte sich nicht öffnen, um die haTikwa zu singen. Er wollte auch nicht die amerikanische Nationalhymne singen. Er weigerte sich, irgendetwas gemeinsam zu singen, auf irgendjemandes

Befehl, selbst wenn sie eine absolut wohlmeinende Person wie Rabbi Samuel Rosen darum bat. Daraus zog Margot Groszbart ihren eigenen Schluss: Sie hätte nicht das »Horst-Wessel-Lied« gesungen, wenn der Zufall der Geburt sie in Wien im Jahr 1938 zur Arierin gemacht hätte, und man hätte sie nicht dazu verführen können, in Gemeinschaft »Heil Hitler« zu schreien.

Am Mittwoch sagte Margot zu Gretel, dass sie im Saal essen und mit den Leuten reden würde. Der pflaumenfarbene Turban baute sich prompt vor ihr auf. »Ich will dir etwas sagen«, sagte sie.

Es ist normalerweise ein Fehler, sich mit einer Person hinzusetzen, die man nicht kennt, weil sich später so schwer ein höflicher Grund finden lässt, um wieder aufzustehen. Margot konnte sich jedoch keinen höflichen Grund ausdenken, sich nicht hinzusetzen und folgte der großen, zielstrebigen Frau zu einem der kleinen Tische. Sie setzten sich hin. Der Turban kam Margot so nah, dass ihre Sicht verschwamm. Die Frau sprach das so vertraute Wienerisch: »Es hat in Wien vor Waldheim kan Antisemitismus gem«, sagte sie. »Jetzt ham wirklich die Juden Schuld.« Sie fixierte Margot mit ihren Augen und wartete.

»Ist es möglich, dass Sie diesen Spruch nicht erkennen?«

»Weiß ich. Aber dieses Mal stimmt er wirklich.« Der Turban wartete angespannt.

»Ich kann mich nicht mit Ihnen streiten«, sagte Margot. Sie brauchte keine Entschuldigung, um aufzustehen und die Frau sitzen zu lassen. Sie sah die Schapiros beim Kaffeetisch und ging hinüber.

»Wir haben Sie spielen gehört«, sagte Ruth Schapiro. »Bob, was hat Margot Groszbart damals gespielt? Es war *wunderbar*!«

»Wunderbar«, sagte Bob Schapiro.

»Danke«, sagte Margot. »Ich habe darüber nachgedacht, warum ihr nicht mehr nach Wien fahrt. Ist dieses Niemals-wieder-Hinfahren nicht ungefähr so wirksam, als ob man vor dem Höllentor die Zunge rausstreckt?«

»Und wir kaufen nichts, was in Deutschland erzeugt wird«, sagte Ruth Schapiro.

Margot erzählte ihnen von dem Zusammentreffen mit dem pflaumenfarbenen Turban, und Ruth sagte: »Ach, wirklich? Eine Antisemitin. Was gibt es sonst Neues?«

Margot sah auf Peppi zurück, die weiterhin dort saß, wo sie sie sitzen gelassen hatte. Ihr Kopf schien langsam in ihren Schoß zu fallen. »Neu ist vielleicht, dass sie eine Antisemitin ist, die sich *nicht wohlfühlt*. Ich glaube, sie wollte, dass ich sie vom Gegenteil überzeuge.«

»Antisemit ist Antisemit, Punktum«, sagte Ruth Schapiro.

»Warum seid ihr zwei zu Rabbi Rosens Workshop zum Brückenbauen gekommen?«, fragte Margot die beiden.

»Er hat uns darum gebeten. Er hatte Angst, dass keine Juden teilnehmen würden.«

Margot trug ihre Tasse Kaffee weg und sprach eine Weile mit der jungen Steffi. Es stellte sich heraus, dass Steffis Mutter im selben Bezirk wie Margot in die *Volksschule* gegangen war. Margot erzählte Steffi von dem Waldheim-Gespräch. Steffi schaute sie angeekelt an. »Des is' a richtige Antisemitin!«

Steffi wollte, dass Margot ihr alle antisemitischen Bemerkungen erzählte, an die sie sich aus der Volksschule erinnerte und war enttäuscht, als Margot sich keine ins Gedächtnis rufen konnte.

Am Mittwochnachmittag teilte der Rabbi sie in Zweiergruppen ein und schickte sie zu den kleinen Tischen, um einander zu interviewen. Steffi und Bob Schapiro, Ruth und Pater Sebastian, Shoshannah Goldberg und Konrad Hohenstauf. Man fragte sich, in welcher Sprache Jenny Bernstein und der pflaumenfarbene Turban das Interview führen würden. Der pausbäckige Erich und Fritz mit dem historisch inspirierten Backenbart könnten jedoch gut miteinander auskommen.

Gretel Mindel bat darum, mit Margot zusammenarbeiten zu dürfen. Eine verfrühte Nostalgie ließ sie auf den Tisch zusteuern, an dem sie miteinander gezeichnet hatten. Gretel wollte ihr etwas beichten. Gretels Mutti hatte einen Arbeitskader nach Polen geführt. Ihr Auftrag war, »Judenhäuser« einzurichten, in denen die Deportierten angehalten werden konnten, bis man sie zu ihrem endgültigen Zielort transportierte. Gretels Mutter gab einer polnischen Bauernfamilie vierundzwanzig Stunden, um ihre Habe auf einen Wagen zu packen und das Gebiet zu verlassen. Gretels Mutter war stolz darauf, dass sie kein einziges Mal von ihrer Peitsche Gebrauch machen musste.

Gretel fragte Margot nach ihrer Mutti. Margot verspürte einen ordentlichen Widerwillen, sagte dann aber: »Okay. Ich erinnere mich an Folgendes: Wenn ich als Kind schlimm gewesen bin und meine Spielsachen nicht in den Kasten geräumt hab, hat sich meine Mutti geärgert, mich nicht angeschaut und nicht mit mir geredet. Solange Mutti nicht mit mir geredet hat und mich nicht angeschaut hat, konnte ich weder spielen noch irgendetwas anderes tun. Ich bin ihr nur in der Wohnung nachgegangen und habe gesagt: ›Sei wieder gut! Sei wieder gut!‹, bis sie nachgegeben oder wahrscheinlich vergessen hat, dass sie böse war.«

Am nächsten Morgen saßen sie im Kreis, um die Geschichte des anderen zu erzählen. Als Gretel Margots Kindheitserinnerung wiedergab, vergegenwärtigte sie sich, was sie bis dahin nur gewusst hatte: Die Mutti, der Margot als Kind in der Wohnung nachgegangen war, war dieselbe Mutti, die das Kind vom Zug aus nicht winken sah, war die Frau, die man mit dem Zug nach Osten deportiert hatte und die niemals zurückgekommen war. Gretels Satz ging in einem Schluchzer unter, sodass sie erst ihre Gesichtsmuskeln wieder unter Kontrolle bringen musste, um weiterzusprechen.

Margot erzählte nüchtern vom nationalsozialistischen Werdegang von Gretels Mutter. »Sie musste kein einziges Mal von ihrer Peitsche Gebrauch machen.«

»Sie hat andere Sachen gemacht«, sagte Gretel.

Shoshannah berichtete nur über ihr treues Versprechen, den anderen nicht zu verraten, was Konrad ihr von seiner Tat erzählt hatte. Sie zog ihren Stuhl an den seinen heran und verwendete ihren rechten Arm, um ihren schlaffen linken Arm anzuheben. Sie legte die linke Hand auf Konrads Hand. »Du warst erst acht Jahre alt!«, sagte sie zu ihm.

Margot war allgemein irritiert – darüber, dass Gretel Mindels Gefühle ihre eigene verblassende Erinnerung an Intensität übertrafen; dass Konrad Hohenstauf so viel Aufmerksamkeit für etwas bekam, das er nicht erzählte; dass Peppi Hubers Schultern gekränkt nach vorne gebeugt waren; dass die Schapiros einen einzigen unumstößlichen Vorsatz hatten und dass Sam Rosens guter Wille ebenfalls unzerstörbar war. Sie ging zur Tür hinaus und hielt ein Taxi an. Sie öffnete die Tür und betrat ihr schönes, ruhiges Apartment, aß die Suppe von gestern auf, überflog die *New York Times*, konnte ihre Tochter nicht am Telefon erreichen und setzte sich fünfzehn Minuten lang ans Klavier, bevor sie sich ein Taxi zurück nahm, um zum Nachmittagsworkshop nicht zu spät zu kommen.

Es war der Morgen und Mittag ihres letzten Tages. Gretel, Steffi und Erich führten Margot zum Mittagessen in das kleine Restaurant an der Ecke aus, das sie entdeckt hatten. Als das Gespräch lockerer wurde und sie zum Deutschen übergegangen waren, vergaßen sie, dass Margot nicht eine von ihnen war. Steffi konnte Leute gut nachmachen. Sie blies sich zu Bob Schapiros Leibesfülle auf und sagte: »Sechsmillionensechsmillionensechsmillionen.«

»Habt ihr gesehen, wie Ruth den Rand ihres Ärmels mit Absicht wie zufällig zurückfallen ließ, damit man die Nummer auf ihrem Unterarm erkennen konnte?«, sagte Erich.

»Kam euch das unhöflich von ihr vor?«, fragte Margot.

»Na, aber die is' immer so hochnäsig«, sagte Steffi.

»Interessant, dass beide Sprachen die Nase als den Sitz der Arroganz betrachten«, sagte Margot zu Gretel neben ihr. »Kennen Sie den Ausdruck ›being snotty‹?«

Steffi und Erich waren in ihr eigenes Gespräch vertieft. Gretel hatte Margot eingehend angeschaut und sagte schließlich: »Glauben Sie, dass wir nicht das Recht haben zu sagen, dass Ruth Schapiro etwas falsch macht?«

»Ich glaube, dass ihr unrecht habt, wenn ihr sagt, dass sie hochnäsig ist. Es ist nicht so, dass sie ›an ihrer Nase hinunter‹ auf euch schaut. Sie weiß nicht, wie sie euch anschauen soll. Wie soll Ruth Schapiro euch richtig anschauen mit der Nummer auf dem Unterarm?«

»Das habe ich Sie nicht gefragt: Glauben Sie, dass *wir* nicht das Recht haben, *euch* zu kritisieren?«, sagte Gretel.

Margot verstand, dass Gretel »wir alle« und »euch alle« meinte und sagte: »Ja, das stimmt. Ich gebe euch nicht das Recht. Sehen Sie, dass wir jetzt über die Dinge sprechen, für die Rabbi Sam keine Übungen hat?« Sie wandte sich an die gesamte Runde und fragte:

»Warum seid ihr nach New York gekommen?«

»Ich kann darauf antworten«, sagte Gretel bitter. »Wir sind hierhergekommen, damit ihr uns tröstet, weil wir fürchterlich waren.«

Margot blickte Gretel freundlich an. Sie legte ihre Hand auf den Arm des Mädchens.

Margot hatte einer kleinen Vorführung am Pianino zugestimmt. Dieses sah nicht nur wie ein Nachtclubklavier aus, sondern hörte sich auch so an. Sie spielte das erste Präludium und eine Fuge aus dem *Wohltemperierten Klavier* und lächelte in Richtung Gretel Mindel. Je weiter der Tag fortschritt, umso weinerlicher wurde Gretel.

Danach folgten alle Rabbi Sam in das Obergeschoss, um an den Sabbatfeierlichkeiten teilzunehmen. Er bat die Wiener Gäste aufzustehen, damit sie sich der Gemeinde vorstellen konnten. »Brücken bauen« war das Thema seiner Predigt.

Als sie wieder hinuntergingen, war der fensterlose

Kellersaal wie verwandelt. Die kleinen Tische waren zu einem großen Tisch zusammengestellt worden, den ein Tischtuch bedeckte. Während der Salat herumgereicht wurde, bat Rabbi Sam alle Teilnehmer, im Kreis herumzugehen und zu erzählen, wie der Workshop ihr Leben verändert hatte.

Konrad sprach nicht. Shoshannah hatte neue Freunde gewonnen. Ihr Glaube an die menschliche Versöhnungsgabe war wiedererweckt worden. Steffi schwor, dass sie keine antisemitische Bemerkung unwidersprochen an sich vorbeiziehen lassen würde. Sowohl Jenny Birnbaum als auch Erich Radezki würden ihre Mütter dazu bringen, ihre Geschichte zu erzählen. Fritz Cohn wollte in Wien in den Ruhestand gehen. »Bob und ich ziehen nach Israel«, sagte Ruth.

»Ich fahre auch nach Israel«, sagte Gretel. Sie flog nicht heim nach Wien, sondern hatte ein Ticket nach Jerusalem, wo sie sechs Monate lang an der Universität studieren würde. »Ich werde Hebräisch lernen«, sagte sie.

»Ich fahre eine Woche zu meiner Tochter nach Los Angeles«, sagte Margot. »Dann komme ich wieder zurück und setze mich ans Klavier.«

Während das Huhn und die Gemüsegarnitur die Runde machten, kündigte Rabbi Sam seinen Plan an, einen weiteren Workshop unter Pater Sebastians Leitung in dessen Pfarre abzuhalten. Er hoffte, dass die New Yorker Brückenbauer nach Wien kommen würden.

»Ich komme«, sagte Shoshannah.

»Ich möchte, dass meine Mutter mitkommt«, sagte Jenny. Fritz Cohn hoffte, dass er bis dahin in Wien eine Wohnung haben würde.

Während die Teller mit dem Schokoladenkuchen herumgereicht wurden, stand Pater Sebastian auf. Er wollte die Wiener Exilanten etwas bitten.

»Ich bin keine Exilantin«, sagte Ruth Schapiro.

»Schreibt uns nach Wien. Sagt uns, was ihr über uns denkt«, sagte Pater Sebastian.

Die rothaarige Ruth Schapiro mit der Nummer auf dem Unterarm sagte: »Ich denke nicht an euch.«

»Kommen Sie doch zum Workshop«, sagte Gretel zu Margot. »Wenn Sie kommen, können Sie bei mir wohnen.«

»Danke«, sagte Margot. »Ich weiß nicht, ob ich nach Wien zurückfahren werde.«

Gretel half Margot bei der Suche nach ihrem Mantel. »Verzeihen Sie mir!«, sagte sie.

»Was?«, fragte Margot. »Ich weiß nicht, was Sie falsch gemacht hätten.«

Das Mädchen sagte weinend: »Ich lerne Hebräisch!«

»Ich habe meines vergessen«, sagte Margot.

Gretel sah Margot dabei zu, wie sie zuerst den einen, dann den anderen Arm in den Mantel steckte und spürte, wie die Zeit knapp wurde. Pater Sebastian kam und wiederholte nochmals die Einladung nach Wien. Er schüttelte zum Abschied Margots Hand. Sie gab Erich und Steffi die Hand. »Auf Wiedersehen, liebe Jenny. Auf Wiedersehen, Familie Schapiro!« Sie umarmte die beiden. »Auf Wiedersehen, Shoshannah, auf Wiedersehen, Fritz.« Außer Konrad Hohenstauf schüttelte jeder jedem die Hand. Dieser war nicht zur Tür gekommen, um sich zu verabschieden. Auch der pflaumenfarbene Turban war gegangen, ohne dass es jemand bemerkt hätte. »Und danke, Rabbi Rosen!«, sagte Margot beim Hinausgehen.

»Sei wieder gut!«, rief ihr Gretel nach.

Es fiel Margot Groszbart auf, dass sie sich nicht von Gretel Mindel verabschiedet hatte, und obwohl sie das eigentlich wollte – sie dachte, sie würde sich umdrehen und ihr winken –, ging sie weiter.

Scheidung

Lilly denkt an den Morgen, ungefähr einen Monat nach der endgültigen Scheidung, als sie Henry angerufen und gesagt hatte: »Kannst du dich daran erinnern, *warum* wir uns eigentlich haben scheiden lassen?«

»Du glaubst immer, dass man alles genau erklären kann«, sagte Henry.

»Ach, wirklich?«, sagte sie. »Ist das etwas, das ich mir *immer* denke?«

»Wenn du mit mir streiten willst, musst du mich zurückrufen, nachdem ich meinen Kaffee getrunken habe«, sagte Henry.

»Gibt's noch etwas, das ich tun *muss*?«, sagte sie und legte auf.

Es war der Tag, als ihre Freunde Jane und Johnny in der Stadt waren. »Es ist *meine* Schuld«, sagte Lilly zu ihnen. »Henry und ich haben dreieinhalb Minuten lang versucht, uns beraten zu lassen, und ich habe der Therapeutin gesagt, dass ich eine alte Nörglerin bin. Henry bringt mir meinen Kaffee in der einen Hand und seinen eigenen in der anderen, und ich sag: ›Warum nicht auf dem Tablett?‹, und er sagt: ›Jaja‹, aber er tut es dann doch nicht. Die Therapeutin sagte:

›Es scheint so, als ob sich das für euch beide auszahlt. Henry kann weiterhin tun, was er immer getan hat, und Sie können weiter nörgeln.‹«

»Erklär mir das bitte noch mal«, sagte Johnny.

»Ihr zwei spielt nicht nach den Regeln«, sagte Jane. »Ihr solltet euch *gegenseitig* beschuldigen!« Jane und Johnny hatten Henry in seiner Junggesellenwohnung besucht. »Henry sagt: ›Es ist alles *meine* Schuld. Es macht Lily wahnsinnig, wenn ich alles, was sie sagt, verbessere.‹ Er weiß aber nicht, warum er das immer wieder macht.«

»Also eines Tages hat Henry seinen Ehering unabsichtlich in die Wäscherei geschickt, und ich habe meinen zum Fenster hinausgeworfen«, sagte Lilly.

»*Was* hast du gemacht?«, fragten Jane und Johnny.

»Natürlich nicht absichtlich. Henry hat seinen Ring beim Händewaschen abgenommen, damit er nicht im Abfluss verschwindet. Er hat gesagt, dass er ihn in seine Hemdtasche gesteckt und dann vergessen hat. Der Ring muss mit der Schmutzwäsche rausgegangen sein. Ich hatte einiges an Gewicht verloren und erinnere mich, dass sich mein Ehering zu groß angefühlt hat. Ich habe das Fenster geöffnet und genau gespürt, in welchem Moment er mir vom Finger glitt. Henry und ich sind mit dem Aufzug hinuntergefahren, und wir haben den Gehsteig nach ihm abgesucht.«

Lilly lebte weiterhin in der alten Wohnung. Henry war jedoch aufgrund seines Jobs nach London umgezogen. Beide hatten wieder geheiratet und Kinder großgezogen. Es gab keinen Grund, mit der Familie des anderen in Verbindung stehen zu müssen. Deshalb erfuhr Lilly erst im Januar, dass Henry im vorigen November gestorben war. Das setzte ihr zu. Lilly war nicht bewusst gewesen, dass sie viel oder oft an ihn gedacht hatte, aber sein Tod machte einen Unterschied. Sie hatte nicht gewusst, dass sie sich darauf verlassen hatte, dass Henry am Leben war. Es bekümmert Lily, dass sie schon seit drei Monaten in einer Welt lebt, in der es Henry nicht mehr gibt.

Es ist nicht so, als hätte Lilly nach dem Ehering gesucht, den sie vor über vierzig Jahren aus dem Fenster geworfen hatte. Natürlich glaubt Lilly nicht, dass ein Ring – ein schöner, von Hand geschmiedeter – all die Jahre vor ihrem Haus hätte liegen bleiben können, wo jeder ihn hätte finden und einstecken können, aber sie überquert niemals den Gehsteig vor ihrer Eingangstür, ohne ihre Augen über den Rinnstein wandern zu lassen, über die Abschlusslinie des Gebäudes, über Unebenheiten in der Oberfläche des Gehwegs, (die auf eine sich verschlechternde Infrastruktur hindeuten) und über die Fugen zwischen den Asphaltflächen. Ihre Augen suchen das verlorene Gold.

Chronik einer Lungenentzündung

Meine Vorgeschichte bestand darin, dass ich zweiundneunzig Jahre alt war und dass meine ängstlichen
Kinder keine Mühe scheuten, mich vor Covid-19 zu
schützen und in der Folge mich und sich in Quaran-
täne stellten. Sie konnten nicht wissen, dass ich zu
essen aufgehört hatte. Ich wusste selbst auch nicht,
dass ich krank war, als ich Dr. P. anrief und fragte, ob
es eine appetitanregende Pille gab, die sie mir ver-
schreiben könnte.

Wenn ich als Kind krank war, holte meine Mutter
Dr. Schey. Seine Arzttasche hatte eine weite Öffnung,
die er mich auf- und zuschnappen ließ. Dr. Schey saß
an meinem Bettrand, tastete meinen Bauch ab, hörte
mich am Rücken ab, schaute mir in die Ohren und
machte mich wieder gesund. Es ist vielleicht meine
alte europäische Ehrfurcht vor Ärzten, aber ich frage
mich, was mich Dr. P. gefragt hat oder was ich wohl
geantwortet habe, um einen maskierten medizinisch-
technischen Assistenten mit einem EKG-Apparat in
meiner Wohnung erscheinen zu lassen und vor Ende
des Morgens einen Krankenwagen vor meiner Tür.
Ich dachte, dass mich die Rettungssanitäter noch am
selben Abend wieder nach Hause bringen würden,

aber sie brachte mich in die Notaufnahme, wo mein Covid-Test ein negatives Ergebnis lieferte, und anschließend in ein Stationszimmer. Aufgrund einer nicht von Covid verursachten Lungenentzündung musste ich zwei Wochen lang im Krankenhaus bleiben. Ein Röhrchen wurde an meinem Rücken befestigt, damit Flüssigkeit aus meiner Brusthöhle fließen konnte.

Der Plastikbecher auf dem Tisch zwischen meinem Bett und dem meiner Zimmernachbarin fiel um, weil er so leicht war. Sobald ich einen mit Wasser füllte, fiel er um. Unter den Kabeln für die Fernbedienung und andere Instrumente, deren Anwendung ich nie lernen würde, fand ich den Rufknopf. Niemand kam, um die nasse Unordnung zu beseitigen, die ich verursacht hatte.

Ich konnte das Gesicht meiner Zimmernachbarin nicht sehen. Durch einen Spalt im durchsichtigen Vorhang, der von der Decke hing, beobachtete ich elegante hellbraune Hände, die sich bewegten. Sie erinnerten mich daran, dass es in dem Zimmer einen Menschen gab, der unweigerlich die Antworten hörte, die ich der Krankenschwester bei meiner Aufnahme gab. Sie wollte, dass ich mich an drei Wörter erinnerte: »Tor.« »Straße.« »Hund.« Ja, ich weiß, an welchem Tag ich geboren wurde. Ich weiß, welches Jahr und welcher Wochentag es war. Ich weiß, wo ich bin. Fragte sie mich, ob ich jemals in Betracht gezogen hätte, mir etwas anzutun? Nein! Ob ich das Gefühl hätte, dass das Leben nicht lebenswert wäre? Nur wenn mir der Rücken wehtat. Konnte ich das Wort »Welt« von hinten buchstabieren? Konnte ich mich an die drei Wörter erinnern? »Tor.« »Straße.« »Hund.«

Meine Zimmergenossin und ich sind allein. Ihr Gespräch auf der anderen Seite des Vorhangs ist so leise, dass ich nicht verstehen kann, was sie sagt, aber ich verstehe es als Tadel an meinen lauten, meinen mir selbst bewussten Antworten, die ich der Krankenschwester bei der Aufnahme gebe.

Sechs Uhr? Morgens oder abends? Habe ich geschlafen? Meine Nachbarin spricht noch immer, während ihre Hände einen Apfel in ihr Leintuch einwickeln. Sie wickelt den Apfel ein, dann wieder aus, dann wickelt sie ihren nackten linken Fuß ein und wieder aus. Sie wickelt den Apfel ein und wieder aus und spricht ständig in dieser Stimme, die leiser ist als jede menschliche, offensichtlich nicht am Telefon. Meine Zimmernachbarin hat einen Vogel und spricht mit sich selbst. Ihre Hand greift nach meiner schwarzen Handtasche mit dem Reißverschluss. Sie wickelt sie in ihr Leintuch ein. Mein Aufschrei hat die Krankenschwester darauf aufmerksam gemacht. Sie rettet meinen Besitz und gibt ihn mir zurück.

Abend und Morgen, ein neuer Tag. Meine Zimmernachbarin ist verstummt. Schläft sie? Hat sie den ganzen Tag geschlafen? Man kommt und rollt sie aus dem Zimmer. Die Geschichte in meinem Kopf lautet, dass meine verrückte Zimmernachbarin tot ist. »Nein, sie wird in ein anderes Zimmer gebracht«, sagt die Krankenschwester, aber ist es nicht das, was sie mir sagen sollte? Ich werde niemals wissen, ob dieses menschliche Wesen im Laufe des Tages im Bett neben mir verstorben ist.

»Ich heiße Brenda«, sagt meine neue Nachbarin.

»Ich heiße Lore.« Man hat meine Kleider und meine Sachen in einem verschließbaren Plastiksack verstaut und mich in ein anderes Zimmer auf derselben Etage gebracht. Brenda ist aus New Jersey. Ich bin aus Wien. Brenda ist eine pensionierte Krankenschwester. Als die Stationsschwester ins Zimmer kommt, lachen die beiden Frauen auf, weil sie sich kennen. Sie waren früher Arbeitskolleginnen! Wie lange ist es her, seit das St.-Vincent-Krankenhaus geschlossen wurde? Brenda und ich müssen unsere Telefonanrufe mit unseren Ärzten und mit unseren jeweiligen Kindern mitanhören, denen in diesen Covid-Zeiten ein Besuch untersagt ist. Es bewegt mich, was Brenda zu ihrer Tochter sagt: »Ich hab dich lieb«, sagt sie.

Brenda und ich beginnen zu philosophieren. »Jedem geht es einmal gut und einmal schlecht, sag ich immer«, sagt Brenda.

»Da kann man nichts machen«, antworte ich. Brenda zieht sich an, um nach Hause zu gehen. Ihre

Tochter wartet unten an der Rezeption auf sie. Wir werden uns aneinander erinnern, sagen wir zueinander.

Meine nächste Zimmernachbarin hat Schmerzen. Sie weint, sie heult und fragt: »Mein Gott! Warum, warum, warum?« Man kommt und rollt sie weg, bevor sie eine Antwort erhält, und meine vierte Zimmergenossin sehe ich auch nicht. Wenn sie nicht mit der Krankenschwester oder mit sich selbst streitet, singt sie mit einer dünnen Stimme. Ihre komplexen Melodien steigen und fallen in Intervallen, die mein Ohr weder erwartet noch versteht. Dann ist auch sie weg.

Meine Zimmernachbarin Anne wurde hereingebracht, während ich schlief. Sie ist eine große Afroamerikanerin, vierundsiebzig Jahre alt, erzählt sie mir. Ich bin zweiundneunzig, erzähle ich ihr.

Wir sind beide Großmütter. Ich bewundere ihren aufrechten Gang am Stock und beneide sie darum. Ich verwende einen Rollator. Ich gebe Anne meine Banane, und sie gibt mir etwas, das besser ist als überhaupt kein Kaffee. Der gute und echte Kaffee, den mein Sohn Jacob an der Rezeption für mich hinterlassen hat, ist für mein Herz nicht gut und wurde konfisziert. Anne behält die Dinge im Auge, die ich ständig in meiner weißen Bettlandschaft suche. »Wo ist nur wieder mein Rufknopf?«

»Auf der anderen Seite Ihres Knies«, sagt Anne zu mir.

»Was habe ich mit meinem Telefon gemacht?«

»Sie haben es in Ihre Tasche gesteckt.«

Danke, Anne.

Transport und Gänge. Die Röntgenmaschine gleicht einer Hälfte eines grauen Elefanten und kommt in mein Zimmer, an mein Bett, aber zum CAT-Scan, dem MRT, dem Echokardiogramm und zum Ultraschall muss man mich transportieren. Es gibt einen eigenen Transportdienst, und er ist unterbesetzt. Ich muss auf die zwei Pfleger warten, die mein Bett mit mir die langen, gleißend weißen Gänge entlangschieben. Ich habe in einer Geschichte diese räumliche Ewigkeit verwendet, in der sich alles vor dir in keiner Weise von dem unterscheidet, was hinter dir ist oder an dir vorbeizieht.

Warum glauben die zwei maskierten blauen Uniformen, dass die ununterscheidbaren und unbevölkerten Gänge ein Ende haben werden oder dass uns die Türen, die sie mit einer Fernbedienung öffnen und durch die sie mich schieben, dahin führen werden, wo wir hinmüssen? Sie kennen sich jedoch mit der geografischen Lage aus und wissen, um welche Ecke man gehen muss, um zum Aufzug zu gelangen, der uns hinauf – oder hinunter? – zu der Etage bringen wird, wo wir die überdachte Brücke überqueren, die ein Gebäude mit den identischen weißen Gängen des anderen Gebäudes in der Röntgenabteilung verbindet. Als sie mich vor die Tür stellen und warten lassen, haben sie noch nicht das Problem gelöst, das der jüngere Pfleger mit seiner neuen Freundin hat.

Die Prozedur. Der maskierte CAT-Scan-Techniker in seiner blauen Uniform schleust mich mit meinen Füßen voran in einen riesigen Donut aus Metall ein. Der Donut spricht. Er sagt mir, wann ich Luft holen und wann ich den Atem anhalten muss. Der CAT-Scan-Techniker hat mich in den Gang zurückgerollt und mich stehen lassen, wo ich meines Wissens auf den Transportdienst, der mich zurück in mein Zimmer bringen soll, warte.

Tag und Nacht wird das Krankenhaus wie von Scheinwerfern beleuchtet. Es gibt nichts, an das sich das Auge in dieser einheitlichen weißen Landschaft haften kann. Wenn es Türen gibt, dann müssen sie sich von der anderen Seite öffnen, denn es gibt keine sichtbaren Griffe oder Klinken. Auch hört man keinen Ton im CAT-Scan-Raum. Der CAT-Scan-Techniker ist nach Hause gegangen.

Warten. Ich habe meine Uhr auf dem Nachttisch im Zimmer liegen lassen, da ich mir gedacht habe, dass ich sie während der Prozedur nirgendwo würde ablegen können. Wenn man auf einen Bus oder einen Aufzug wartet, auf den Arzt oder auf den Transportdienst, der einen ins Zimmer zurückbringt, dann fühlt sich eine Minute wie fünf, wie fünfzehn Minuten an, die so lang sind wie eine Stunde, die Maßeinheit für Zeit, die kein Ende hat.

Da ist jemand – jemand, der geht, ein Mann in Zivilkleidung. Ich rufe ihm zu, sage ihm, wie ich heiße, bitte ihn, jemandem zu sagen, dass ich hier bin, bitte ihn, den Transportdienst zu erinnern, dass ich vor der CAT-Scan-Abteilung liege und warte, schon so lang im Gang warte und warte. Der Mann kann sich jedoch nicht um mich kümmern. Er sagt, ich soll warten, bis beim Transportdienst zwei Pfleger frei sind. Der Mann in Zivilkleidung muss woanders hingehen. Er geht weg. Er ist weg.

Kein weiterer Mensch kommt in Sicht. Was würde geschehen, wenn ich schreie, ganz laut, unter den Scheinwerfern, wenn ich wirklich Krach machte. Ich schreie nicht, und sie sind gekommen, die zwei maskierten Männer in der blauen Uniform oder zwei andere maskierte Männer, die die geografische Lage der überdachten Brücke und der langen Gänge kennen und mich durch mehrere Türen in mein Zimmer zurückführen.

Der Schrei. In dieser Nacht oder der nächsten oder während einer anderen Nacht schreit jemand. »Was ist das?«, frage ich die Krankenschwester, die meine Atmung und meinen Blutdruck misst. Was ich von ihr will, ist, dass sie bestreitet, dass ich etwas höre, das ich nicht hören will und das mich empört, weil ich es hören muss. »Es sind die Schmerzen«, sagt die Krankenschwester. Das ist der menschliche Schrei, der sich von jeglicher Zurückhaltung gelöst hat, von jeglicher Scham. Er dauert minutenlang, und jemand muss etwas dagegen tun, denn er sollte niemals von niemandem gehört werden. Und dann erinnere ich mich und erkenne das menschliche Geheul, das Iwan Iljitschs Frau und Tochter, der Verlobte der Tochter und der junge Sohn, noch im Schulalter, eine Nacht und einen Tag lang hören mussten.

Hat es jetzt wirklich aufgehört? Es muss den Augenblick gegeben haben, wo es aufgehört hat.

Die Krankenschwestern. Die Medizin von heute versucht Kranke nicht durch Aderlass zu heilen. Der Tag im Krankenhaus beginnt, wenn die Schwester mir eine Nadel in den Arm schiebt, die meine instabile Vene zusammenklappen lässt, sodass sie mich ein zweites und ein drittes Mal stechen muss, damit sie die drei Röhrchen mit genug Blut füllen kann, damit die Ärzte wissen, was in mir vorgeht und mich in meinem zehnten Lebensjahrzehnt am Leben erhalten, ohne wie Dr. Schey an meinem Bettrand zu sitzen.

Die Krankenschwester mit der Nadel misst meinen Blutdruck und hört mich ab. Sie ist eine staatlich geprüfte Krankenschwester. Es gibt dann noch eine Oberschwester. Ich weiß nicht, was eine BN-Schwester macht, aber es gibt auch eine Oberschwester für

Qualitätsverbesserung. Im täglichen Betrieb treffen wir meine Freundin, die Aufnahmeschwester, die für die Etage zuständige Schwester und die stellvertretende Stationsschwester. Keine von ihnen soll mit den praktischen Krankenschwestern verwechselt werden, die zu viel zu tun haben und nicht kommen können, wenn ich auf den Knopf drücke und drücke und drücke, weil ich aufs Klo muss.

Hier ist eine Binsenweisheit: Es gab und wird immer die nette oder gute Schwester geben, und es wird immer auf einer Skala von eins bis zehn die anderen Schwestern geben.

Die gute Schwester sagt: »Macht doch nichts«, wenn ich mich dafür entschuldige, dass ich wieder einen Wasserbecher ausgeleert habe.

»Ist schon gut«, sagt sie und richtet das Leintuch gerade, das sich hinter meinem schmerzenden Rücken zusammengeknüllt hat. Ihre Hände sind meine Freunde. Soll sie mir ein Polster unter den Nacken schieben?

Die anderen Krankenschwestern, die nicht auf mein Läuten reagieren, sind meistens nicht absichtlich schlecht zu mir. Sie haben zu viel zu tun, und sie möchten alles andere tun als mit mir schon wieder aufs Klo zu gehen, was ich verstehen kann. Sie tun, was von ihnen verlangt wird, und dazu gehört wahrscheinlich zu überhören, wenn ich einen Witz mache. Sie lächeln lieber nicht.

Patientenbefragung. Ich entschließe mich zu einer kleinen Handlung zivilen Ungehorsams, indem ich den Fragebogen nicht ausfülle.

Wie oft hat Sie das Pflegepersonal während Ihres Krankenhausaufenthalts höflich und respektvoll behandelt:

Immer, meistens, oft, manchmal, niemals? JA.
Auf einer Skala von eins bis zehn? NEIN.

Mein Lieblingspfleger und neuer Freund. Nennen wir ihn Elisha. Ein bärtiger Schwarzer Mann in seinen Dreißigern. Elisha zeigte mir, wie ich mich mit meinem iPad in das WLAN-Netz des Krankenhauses einloggen kann und fragte mich, ob ich die Geschichte von dieser Dame und ihrem Hund kenne.

Ja! Meine Lieblingsgeschichte von Tschechow.

Wenn Elisha einen Augenblick Zeit hatte, kam er in mein Zimmer, und wir sprachen über Tschechow.

Eine seiner Lehrerinnen, sagte er mir, brachte ihn auf den Schriftsteller Cornel West. Cornel West brachte Elisha dazu, ein Community College zu besuchen, wo er auf Tschechow gebracht wurde. Elisha hatte eine Vorlesung über die Bibel und las Robert Alters Übersetzung des Deuteronomiums.

An dieser Stelle durfte ich ein bisschen angeben: »Robert Alter war einer meiner Professoren.«

»Sie kennen Robert Alter!«, rief Elisha.

Es kam der Tag, an dem ich mich anzog, um nach Hause zu gehen. Meine Tochter Beatrice wartete unten an der Rezeption auf mich.

Elisha und ich schicken uns E-Mails. Elisha hat mich darauf gebracht, wieder Tschechow zu lesen. Als er mich fragt, was er als Nächstes lesen soll, bringe ich ihn auf Tolstois *Tod von Iwan Iljitsch*.

Schlafzimmerlektion

Meine Wohnung befindet sich im zwölften Stockwerk, und das Fenster gegenüber meinem Bett schaut nach Osten. Jahrelang, jahrzehntelang habe ich nach Möglichkeiten gesucht, die Morgensonne davon abzuhalten, in meine lichtempfindlichen Augen zu scheinen und mir täglich Kopfweh zu verursachen. Warum habe ich nicht das Bett umgestellt oder einfach Vorhänge aufgehängt? Dem Wort »einfach« ist zu misstrauen, denn es verspricht anscheinend, dass die Umstellung oder neue Positionierung eines Objekts einen Fehlstand beseitigen wird.

Mein Schlafzimmer ist mit Vorteilen gesegnet: Neben dem nach Osten ausgerichteten Fenster gegenüber meinem Bett gibt es ein Doppelfenster, das nach Süden ausgerichtet ist, einen begehbaren Schrank und die Tür, die ins Badezimmer führt. Es gibt jedoch keine Wand, an die das Bett gestellt werden kann – oder umgestellt werden kann, sodass es keinem Fenster gegenübersteht, dessen Licht mir Kopfweh verursachen würde. Ich machte mich also daran, Vorhänge zu finden, die das Licht davon abhalten würden, ins Zimmer zu dringen. Ich versuchte es mit Stoffen, die verschieden schwer und dick waren, die doppelt gewebt oder gefüttert waren. Jedes Mal musste ich Informationen über den Stoff einholen, ihn kaufen, aufhängen und feststellen, dass er nicht besser ist als der vorherige. Der deutschsprachige Kulturkreis kennt den Begriff der *Tücke des Objekts*. Ich weiß nicht, ob man Licht als ein ›Objekt‹ bezeichnen kann, aber ich erlebte es als eine Heimtücke. Je wirksamer der neueste Vorhang das Licht davon abhielt, durch die Fenster ins Zimmer zu scheinen, umso konzentrierter liefen die unumgänglichen Lichtstreifen am rechten und linken Rand der Vorhänge entlang und verstärkten meine Fotophobie.

Falls ich eine Entscheidung getroffen haben sollte, dann kann ich mich nicht mehr daran erinnern, nicht an den Tag oder den Moment, an dem ich mir meine Niederlage eingestanden und die Suche nach Vorhängen aufgegeben habe. Irgendwann hängte ich hübsche, moderne, vertikale Rollos auf, die nicht einmal versprachen, das Licht davon abzuhalten, ins Zimmer zu fallen. Und sie rasselten. Es ist schon lange her, dass ich sie durch gewöhnliche Jalousien ersetzt habe.

Obwohl es schwer ist, diese Jalousien zu putzen, gefallen mir die horizontalen Linien, mit denen sie die Welt außerhalb meiner drei Fenster ordnen, wenn sie ganz heruntergezogen und geöffnet sind.

Heutzutage wache ich zu einer Hundertachtzig-Grad-Ansicht des Himmels im Morgengrauen auf: die beiden nach Süden ausgerichteten Fenster zeigen mir den unendlich weiten Morgenhimmel über New York, meiner Wahlheimat. Durch das kleine Fenster im Badezimmer fange ich ganz links das helle Ostlicht ein. Wenn ich am Wasserturm auf dem nächsten Dach und an den verschiedenen schachtel- und bleistiftförmigen Hochhäusern vorbeischaue, kann ich das Empire State Building sehen.

Hinter dem östlich ausgerichteten Fenster hat ein neuer zweiunddreißig Stockwerke hoher Glasturm ein Stück von meinem Himmel abgeschnitten, hinterlässt mir jedoch einen Spalt, durch den ich an einem klaren Morgen den Sonnenaufgang sehe. Derrida unternahm etwas, von dem er wusste, das es nicht unmöglich war – er beschrieb den sich ständig ändernden Sonnenuntergang Zentimeter um Zentimeter, von Moment zu Moment. Ich kann Ihnen sagen, dass der Sonnenaufgang keine rosafarbenen Finger hat. Es ist das bleichste und schärfste Grün, wird dann orange und verwandelt sich in Gold, das in den Glastürmen über längere Augenblicke wie ein uneingedämmtes Feuer brennt. Und die Fotophobie? Wie kommt es, dass ich in meinem fortgeschrittenen Alter kein Kopfweh mehr habe? Habe ich mit dem Licht zu streiten aufgehört und will es nicht mehr davon abhalten, durchs Fenster zu dringen? Heute lade ich es dazu ein, durch jedes Fenster zu fallen, und es verteilt sich in meinem Zimmer und tut mir nicht weh.

Relative Zeit

Albert Einstein und Shakespeares Rosalind stimmen darin überein, dass die Zeit mit verschiedenen Menschen *in verschiednem Schritt* reist. Rosalind sagt, dass die Zeit mit dem jungen Mädchen zwischen seiner Verlobung und dem Hochzeitstage dahintrabt und mit dem Dieb zum Galgen galoppiert. Ich möchte gern die Theorie veranschaulichen, dass die Zeit schneller oder langsamer in einem relativen Verhältnis zu den sich nicht beschleunigenden Beobachtern vergeht, die auf jemanden warten, mit dem sie sich zu einem bestimmten Zeitpunkt und an einem bestimmten Ort verabredet haben. Auch möchte ich die verschiedenen Geschwindigkeiten analysieren, mit denen sich unterschiedliche Typen von Menschen zu dieser Verabredung hinbewegen.

Ich glaube, dass es drei Arten von Zeitreisenden gibt: jene, die immer zu spät kommen; jene, die nicht anders können, als *vor* der Verabredung einzutreffen; und die bewundernswerten, beneidenswerten Angehörenden einer menschlichen Gattung, die sich problemlos bei einer Verabredung zum richtigen Zeitpunkt einfinden.

Sehen wir uns also den dritten Typus zuerst an. Nennen wir ihn Horatio, denn vielleicht ist er der Mann, der nicht Sklave der Leidenschaft ist und ohne Nachdenken weiß, wie lang er zum Anziehen braucht und wann er von zu Hause weggehen muss.

Er schätzt korrekt ein, wie lange alles dauert und wie weit sich der Raum zwischen dem Ort, an dem er ist und dem, wo er hinmuss, dehnt. Überdies glaubt Horatio auch fest daran, dass sich ihm in unmittelbarer Zukunft wahrscheinlich keine Widrigkeit wie z. B. ein Tsunami in den Weg stellen wird; dass er nicht die Stufen vor seinem Haus hinunterfallen und nicht zur nächsten Ecke gelangen wird, bevor er bemerkt, dass er das Stück Papier mit der Adresse zu Hause vergessen hat, er zurücklaufen und es suchen muss.

Der zweite Typus Mensch ist einer wie ich. Als Tochter meiner Mutter habe ich in meinem langen Leben viele Stunden damit zugebracht, um den Block zu gehen oder ein Lokal in der Nähe zu finden, wo ich eine unnötige Tasse Kaffee trank, weil ich zu früh eingetroffen war.

Meine Mutter ging von einem Beinbruch auf den Stufen aus, von der Flut, und auch davon, dass die Adresse auf dem Stück Papier Füße bekommen würde, die sie in die falsche Richtung führen würden. Sie rechnete deshalb eine zusätzliche halbe Stunde ein, besser noch eine Stunde. Wenn sie fünfundvierzig Minuten oder eine Stunde Wegzeit für eine Verabredung um 2 Uhr nachmittags vor sich hatte, machte sie sich lieber um 12.30 Uhr auf den Weg oder um 12 Uhr, um ganz sicherzugehen.

Gesetzt den Fall, dass sie etwas davon abhalten könnte, um 12 Uhr das Haus zu verlassen, machte sie sich doch besser schon um 11 Uhr auf den Weg, damit nichts dazwischenkäme. Wenn sich dieser Typus von Zeitreisenden bereits ein oder zwei Stunden vor dem Weggehen fertig macht, verspürt er in der Brust ein leicht beunruhigendes Spannungsgefühl und im Bauch ein Rumoren, denn der Tsunami, der Beinbruch und die falsche Adresse sind aller Voraussicht nach wahrscheinlich.

Unsere letzte Zeitreisende ist Beatrice, einer der Menschen, den ich auf der Welt am liebsten habe – und sie hat versprochen, dass sie um 2 Uhr am Nachmittag bei mir eintreffen wird. Ich kenne Beatrice seit dem Tag, an dem sie geboren wurde. Ich weiß jedoch nicht, ob *sie* weiß, dass sie eine oder eineinhalb Stunden zu spät kommen wird. Sie weiß aber, dass *ich* annehme, dass sie zu spät kommen wird, und das ärgert sie.

Man kann mit Sicherheit davon ausgehen, dass Beatrice ihr Ehrenwort darauf geben wird, dass wir uns um 2 Uhr verabredet haben, und sie hat auch vor, dass sie um 2 Uhr bei mir sein wird, wie sie es versprochen hat und wie wir es ausgemacht haben. Und um 2 Uhr, oder zehn oder zwanzig Minuten vor oder nach 2, sagt ihr ihre innere Uhr, dass sie sich anziehen muss, damit sie in ihren Garten gehen kann, um mir all die guten Dinge mitzubringen – Kirschtomaten, Basilikumblätter und die Gurke. Es gibt keine Gurke wie jene, die Beatrice für mich in ihrem Garten frisch erntet, nachdem sie mit dem Hund schnell Gassi gegangen ist und – im Vertrauen darauf, dass es keine Verkehrsbehinderung auf dem fünfundvierzig Minuten langen Weg zu mir geben wird und dass sie kein Problem mit dem Parken haben wird – schnell noch ein paar E-Mails beantwortet, die ihr auf dem Gewissen lasten. Nachdem sie sich daran erinnert hat, die Wäsche aus der Maschine zu nehmen und aufzuhängen, setzt sich Beatrice in ihr Auto und trifft bei mir ein – meinem Zeit- und Raumgefühl nach kommt sie eine oder eineinhalb Stunden zu spät.

Was kann man dagegen machen? Beatrice muss lernen, sich ihre Zeit so einzuteilen, dass sie pünktlich ist, wozu sie auch durchaus bereit und zugleich vollkommen unfähig ist. Oder muss ich lernen, dass es mich nicht mehr kümmert, dass es im Großen und Ganzen nichts ausmacht, ob Beatrice immer zu spät kommt? Aber gerade das kann ich nicht.

Wir brauchen eine Moral: Seien wir geduldig miteinander und ertragen wir die verschiedenen Geschwindigkeiten, mit denen wir uns durch Zeit und Raum der anderen bewegen.

Ladies auf Zoom

»Erinnert ihr euch an unser letztes Treffen?«, fragte Bessie. »Wir hatten eine spontane, eine, eine – keine Shiv'a natürlich –, an welches Wort kann ich mich nicht erinnern? Wie heißt es, wenn wir zusammensitzen und uns Geschichten von Lotte erzählen?«

»Ich glaube, uns tat es leid und wir hatten ein schlechtes Gewissen, dass wir sie nicht in Green – Green, wie hieß der Ort noch mal? –, nicht Green Parks, nicht Green Fields. Green Place? Green Peace? Irgendetwas Green, ganz nett, glaube ich, irgendwo in der Provinz.«

»Wieso glauben wir, dass es dort nett war?«, sagte Bessie. »Wir haben es doch nie auf die Reihe gekriegt, uns ein Auto zu beschaffen, um sie in dem – wie heißt jetzt noch mal der Platz für ältere Menschen, wohin sie ihr Sohn umgesiedelt hat? Der andere Sohn war aus Chicago angereist …?«

»Und er hieß …«, sagte Ruth. »Es ist derselbe Name wie der Protagonist von – wie hieß der Schriftsteller noch mal? Mein Gott, vergesse ich schon, wie der Kerl geheißen hat, der auf seinem Rücken aufwacht, und man weiß nicht, welche Art von Insekt er ist und er streckt seine sechs Beine in die Luft …«

»Ich nehm mir immer vor, die einfachste Methode zu finden, um anzudeuten und mich dafür zu entschuldigen, dass mir wieder ein Wort entfallen ist«, sagte Bridget.

»Wenn dir die Worte einfallen, um dich zu entschuldigen«, sagte Farah.

»Am besten wäre es, man beginnt nur Sätze, die man zu Ende sprechen kann«, sagte Bessie.

»Oder man hört gänzlich auf zu sprechen«, sagte Ilka.

»Nein, bitte tut das nicht«, sagte Hope. »Alle miteinander – hören wir nicht auf zu reden.«

Das nächste Mal bot Ruth an, den Ladies' Lunch auf Zoom abzuhalten, damit die jeweiligen Kinder sich nicht zu viele Sorgen machen mussten. »Es wäre vielleicht eine gute Idee, mit der Hand aufzuzeigen, wenn wir etwas sagen wollen«, sagte sie ihnen. »Wir haben vierzig Minuten und weitere vierzig, wenn ich herausfinden kann, wie die Technik funktioniert.«

Sie gehörten der Generation an, die mit der Technik auf Kriegsfuß stand. »Wir sprechen mit kleinen Filmen von uns selbst anstatt miteinander.«

Nur Farah hob die Hand und sagte: »Es ist diese gesegnete Technik, die mich Kafka, das Gesamtwerk von Jane Austen, King Lear und *What Maisie Knew* in meiner Handtasche tragen lässt und die Buchstaben groß genug macht, damit ich sie lesen kann.«

Bessie hatte ein Thema, über das sie reden wollte.

»Sind wir alle dabei, unsere Sachen aufzuräumen, damit wir es unseren Kindern später leichter machen? Ich habe Ordner voll mit Papieren, die ich niemals mehr lesen werde, aber ich kann sie nicht wegwerfen, weil ich sie erst lesen müsste, um zu wissen, ob ich das, was ich wegwerfe, auch niemals wieder lesen würde.«

»Nachdem Lotte gestorben ist, wollte ich ihre Anschrift aus meinem Adressbuch streichen«, sagte Bridget. »Und dann habe ich es doch nicht gemacht. Ich konnte es nicht.«

All die kleinen bewegten Bilder auf dem Bildschirm nickten, und Bessies Mund sagte: »Ich weiß, ich weiß. Ich habe eine ganze Lade mit jahrzehntealten Adressbüchern voll mit toten Menschen, die ich nicht wegwerfe. Tot oder lebendig, man kann Menschen nicht wegwerfen.«

Ilka sagte: »Man kann es nicht, und man tut es nicht. Selbst Menschen, an die ich mich nicht erinnern kann, von denen ich nicht einmal mehr weiß, wie sie heißen. Meine Lieben, macht es euch etwas aus, wenn ich euch eine meiner Geschichten von früher erzähle?«

»Nein, keineswegs.« Die kleinen Bilder auf den Computern nickten zustimmend.

»Meine Mutti ist am Sonntag am liebsten in ein Schwimmbad in Wien gegangen. Da gab es große Parkanlagen mit einem oder mehreren Schwimmbecken und Kabinen und – ich versuche mich zu erinnern, wo es doch keinen Menschen mehr gibt, den ich fragen kann – auch ein Lokal, in dem wir gegessen sind? Oder hat Mutti ein Picknick mitgebracht? Für die Kinder gab es ein süßes, rotes spritziges Getränk, ein Kracherl. Ich habe ein Album, und es gibt Schachteln mit Schnappschüssen, die ich zu jeder Station meiner Emigration mitgenommen habe. Reihen von lachenden Cousins und Cousinen auf Bänken, mit ihren Partnern und Kindern. Ich weiß noch ihre Namen – Maxl, Miklos, Karl, Ditta, Mila –, aber ich kann nicht mehr sagen, wer *wer* ist. Sie posieren am Schwimmbeckenrand. Wer ist der Komödiant, der den Affen spielt? Einige identische Schnappschüsse von einem Mann, den ich, glaube ich, niemals kennengelernt habe, und den ich nicht wegwerfe. Was uns noch bleibt vom Heiligen, ist vielleicht nur, dass wir den Menschen nicht auslöschen können?«

»Besteht das Rätsel darin, ausgelöscht zu werden?«, sagte Hope.

Und dann waren ihre vierzig Minuten zu Ende.

Danksagung

Mein verstorbener Mann David Segal sagte immer, dass ein Lektor verstehen müsse, wohin Autoren gehen wollen und ihnen dabei helfen müsse, dorthin zu gelangen. Ich danke Natania Jansz von Sort of Books, Valerie Merians von Melville House und der langjährigen *New-Yorker*-Redakteurin Cressida Leyshon für ihr Verständnis. Ohne ihre Freundschaft wäre dieses Buch nicht das, was es ist.

Lore Segal
New York, Januar 2023

Anmerkung der Übersetzerin

Meine Geschichte mit Lore Segal beginnt mit einem Debakel. Ich erhielt 1998 von der Österreichischen Exilbibliothek den Auftrag, ein Exzerpt aus ihrem Buch *Other People's Houses* zu übersetzen. Es war noch nicht allzu lang her, dass ich mein Dolmetscherstudium abgeschlossen hatte, im Laufe dessen uns Studierenden folgender Habitus eingetrichtert wurde: »Vermeidet Austriazismen. Versucht, in neutrales Deutsch zu übersetzen, wenn ihr am gesamtdeutschen Markt bestehen wollt.« Nachdem ich mit der Übersetzung fertig war, faxte ich sie Lore Segal, um zu sehen, ob sie damit zufrieden war. War sie nicht. Denn ich hatte die Beilage zur Knackwurst – in der sich der ganze Schmerz über ihre Vertreibung aus Österreich und die Trennung von ihrer Familie ballte – nicht als eine in Österreich bekannte Art von Brot übersetzt, sondern fragte Lore, ob ihr »Brötchen« lieber wäre. Sie hatte wenig Vertrauen in meine übersetzerischen Fähigkeiten und beschwerte sich: »Haben Sie noch nie etwas von einer Semmel gehört?« Das Buch, das im Jahr 2000 im Picus Verlag erschien, wurde schließlich von Sabina Illmer exzellent übersetzt, und Lore Segal war mit ihrer Arbeit sehr zufrieden. *Wo andere Leute wohnen* gewann den Jugendbuchpreis der Republik Österreich. Als Taschenbuch erschien es im deutschen Droemer-Knaur-Verlag.

Obwohl dieser Zwischenfall für mich damals eine Schlappe bedeutete, bin ich doch froh, dass er passiert ist. Er war der Zündfunke für meine weiteren intellektuellen Unternehmungen, die zu einer Dissertation auf dem Gebiet der Translationswissenschaft führten, sowie zu meinem Buch *Zurück zur Muttersprache: Austro-amerikanische ExilschriftstellerInnen im österreichischen literarischen Feld* (Mandelbaum, 2020). Für dieses Projekt interviewte ich neben Lore Segal noch fünf weitere SchriftstellerInnen, die 1938 als Kinder aus Österreich flüchten mussten, sich jedoch ihre Deutschkenntnisse erhielten. Ihre literarischen Werke verfassten diese SchriftstellerInnen hauptsächlich auf Englisch. Ich sprach auch mit den Übersetzerinnen, die die autobiografischen Romane dieser AutorInnen ins Deutsche übertragen hatten. *Zurück zur Muttersprache* untersuchte die Rolle, die Übersetzung in der Ausformung der österreichischen Erinnerungskultur zu Holocaust und Exil spielte. In meiner Forschung stellte sich heraus, dass der Akt des Übersetztwerdens für die AutorInnen ein oft schmerzvoller war, wurden sie sich doch ihres durch Vertreibung und Sprachverlust entstandenen Traumas bewusst. Die Übersetzerinnen bedurften im Umgang mit den ExilschriftstellerInnen sehr viel Feingefühls, damit sie die Übersetzungsprojekte – in Zusammenarbeit mit den ExilautorInnen – zu einem positiven Abschluss bringen konnten und die SchriftstellerInnen in einer gewissen Weise mit ihrem Ursprungsland »versöhnten«.

Für die Übersetzung von *Ladies' Lunch* durfte ich die Rolle der Forscherin zurücklassen und jetzt selbst vielleicht Ähnliches erleben wie meine Kolleginnen, die mir in ihre Zusammenarbeit Einblick gewährt hatten. Mit Lore Segal verband mich mittlerweile eine mehrjährige, tiefe Freundschaft, die besonders durch unsere Gespräche während der Pandemie gestärkt worden war. Was würde passieren, wenn ich mit ihr meine Übersetzung besprach? Welche Empfindlichkeiten würden berührt werden?

Wir gingen also Erzählung um Erzählung durch, zum Teil am Telefon, aber zum größten Teil in Lore Segals Arbeitszimmer in New York. »I'm a minimalist at heart. I quarrel with the word«, beschreibt die Schriftstellerin ihren Schreibprozess. Dieses Ringen um das Wort setzte sich auch in der Übersetzungsarbeit fort. Kein überflüssiges Wort darf von der Bedeutung des Textes und der Wirkung der Erzählung ablenken. Dem freien Lauf der Gedanken soll kein sprachlicher Stolperstein in den Weg gelegt werden. Viele »immer«, »oft«, »schon«, »einfach« – ja, besonders »einfach« – fielen dem Segal'schen Cursor zum Opfer. Denn wie einfach ist dieses oft postulierte »einfach«, wie die Schriftstellerin das in der Geschichte *Wie Lotte Bessie verlor* anmerkt? »Blicken« und

»sehen« klingen in Lore Segals Ohren hochgestochen. Herumschweifende Augen sollten im Zeitalter des Barocks belassen werden. Das ihr aus ihrer Kindheit vertraute »schauen« genügt.

Lore Segal will uns die ursprüngliche Bedeutung des Wortes nahebringen. »Wunderbar« ist ihrer Meinung nach ein Unwort. Was ist schon wirklich voll der Wunder? Wenn dieses Wort in der Erzählung *Wiedergutmachen* von ProtagonistInnen benutzt wird, dann nur, um eine leere Floskel zum Ausdruck zu bringen. Über das Wort »vergegenwärtigen« für »realize« freut sich die Autorin jedoch, denn der Wortstamm drückt genau aus, dass man sich etwas in den jetzigen Zeitraum holt.

Und wie verhielt es sich mit den eingangs erwähnten Austriazismen, von denen ich bei Aufträgen für den gesamten D-A-CH-Raum Abstand nahm? Die durften dank unserer Lektorin Clara Sondermann bestehen. Im Text finden Sie, werte LeserInnen, einen Kübel, einen Burschen und ein Mäderl, und Lore Segal und ich hoffen, dass Sie diese Ausdrücke nicht allzu sehr befremden werden. Die Tüte mit dem Mittagessen ließen wir in Berlin. Das Sackerl war uns dann doch zu umgangssprachlich österreichisch. Deshalb stellt der Lieferant das Mittagessen ohne Verpackung zu. Für Lore Segal bringen die österreichischen Ausdrücke ein Stück Vertrautheit in den Text.

Und natürlich saßen sich eine aus Österreich Vertriebene und eine Übersetzerin gegenüber, die zwar auch ein Stück unverdauliche jüdische Geschichte in ihrer Familie hat, aber doch in Österreich aufwachsen durfte. Jedes Mal, wenn ich zu Lore Segal sagte, »Aber so sagen wir das«, gab es mir einen Stich. Wer ist das »wir«, und gehört Lore Segal doch nicht zu dem »wir« dazu?

Meine Versuche, mich gewählt auszudrücken und immer die schönste sprachliche Wendung zu finden, waren nicht gefragt. »Schön ist schlecht«, sagte Lore Segal. »Übersetzen ist die tiefgründigste Art zu lesen. Danach musst du die Geschichte so schreiben, als ob ich sie geschrieben hätte. Du kannst mich auf Deutsch nicht umschreiben.« Dieser Aufforderung bin ich so weit wie möglich gefolgt.

Eine literarische Übersetzung ist auch immer ein Palimpsest. Zu den verschiedenen Schichten trugen neben Lore Segal und mir auch noch die erste gründliche Leserin Andrea Trabitsch und die Lektorin Clara Sondermann bei, die der Übersetzung noch einen behutsamen Schliff gab. Walter Benjamin meinte, dass Übersetzungen immer fortgeschrieben werden und dadurch nie altern. Lore Segal kommt oft ein Wort in einem ihrer Romane in den Sinn, das sie Jahrzehnte später gern umschreiben würde. Genauso wird es sich mit dieser Übersetzung verhalten.

Lore Segal wurde für ihr schriftstellerisches Werk mit hohen Würden ausgezeichnet, darunter mit einem Guggenheim-Preis und im Juni 2023 der Aufnahme in die American Academy of Arts and Sciences. Ihr Werk

Other People's Houses wird im Österreichischen Literaturmuseum als eines der wichtigsten Werke der österreichischen Exilliteratur ausgestellt. Bis jetzt wurden nur vier ihrer Werke ins Deutsche übersetzt. Die Romane *Lucinella*, *Half the Kingdom* und *The Journal I Didn't Keep* harren noch einer Übertragung ins Deutsche.

Dr. Karin Hanta
Wien, Juli 2023

Publikationsgeschichte

Lore Segal veröffentlicht seit 2007 ihre Erzählungen *Ladies' Lunch* im *New Yorker*, 2022 erschien die jüngste, *Weiche Skulptur*. Für dieses Buch hat sie drei neue Geschichten mit denselben Protagonistinnen geschrieben. Der zweite Buchteil *Weitere Erzählungen* enthält drei ältere Erzählungen und drei neue, bisher unveröffentlichte Erinnerungen.

Einige dieser Geschichten wurden in *The Journal I Did Not Keep* (Melville House Publishing, 2019) veröffentlicht, einer Anthologie von Lore Segals Schriften, die auch Auszüge aus ihren Romanen und Essays enthält.

Ladies' Lunch

1 Ruth, Frank und Dario, *New Yorker*, 2020
2 Von Martinis und vom Vergessen, *Epiphany*, 2018
3 Wie Lotte Bessie verlor, *Fifth Wednesday Journal*, 2016
4 Mutter Lear, neue Veröffentlichung, 2022
5 Der Arbus-Faktor, *New Yorker*, 2007
6 Weiche Skulptur, *New Yorker*, 2022

Weitere Erzählungen

Zitatnachweise

S. 10: Vgl. Marcel Proust, *Auf der Suche nach der verlorenen Zeit*, Bd. 1: *Unterwegs zu Swann*, aus dem Französischen von Eva Rechel-Mertens, © Suhrkamp Verlag: Frankfurt am Main 1994.

S. 13: Jane Austen, *Emma*, aus dem Englischen von Ursula und Christian Grawe, © Reclam Verlag: Ditzingen (1981) 2016, S. 7.

S. 15, 19, 28: William Shakespeare, *König Lear*, aus dem Englischen von Wolf Heinrich Graf Baudissin, © Reclam Verlag: Ditzingen (1950) 2014, S. 38, 79; S. 36; S.133.